J. EBRARD

I0561510

STÉNIO VINCENT

Choses & Autre

Ce qu'il nous faut, à nous, ...
. . . .
C'est l'obstination et c'est la volonté !
. . . . C'est l'étude sans trêve,
C'est l'effort inouï, le combat non pareil,
C'est la nuit, l'âpre nuit de travail, d'où se lève
Lentement, lentement, l'Œuvre, ainsi qu'un soleil !

           Paul VERLAINE.

Vve CH. DUNOD & P. VICQ

ÉDITEURS DE L'UNIVERSITÉ HAÏTIENNE

49, QUAI DES GRANDS-AUGUSTINS, PARIS

1895

CHOSES ET AUTRES

STÉNIO VINCENT

CHOSES ET AUTRES

Ce qu'il nous faut, à nous, ...

. . . .
C'est l'obstination et c'est la volonté !
. . . . C'est l'étude sans trève,
C'est l'effort inouï, le combat non pareil,
C'est la nuit, l'âpre nuit de travail, d'où se lève
Lentement, lentement, l'OEuvre, ainsi qu'un soleil !

Paul VERLAINE.

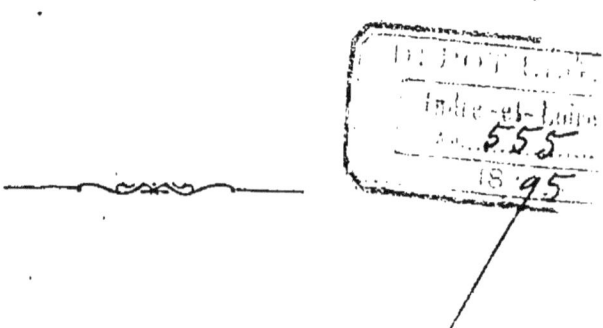

Vve CH. DUNOD & P. VICQ
ÉDITEURS DE L'UNIVERSITÉ HAÏTIENNE
49, QUAI DES GRANDS-AUGUSTINS, PARIS

1895

PRÉFACE

Ce livre est de bonne foi. Le lecteur y trouvera nos cris d'espoir et nos rêves, nos efforts, nos luttes, nos regrets, et quelquefois aussi, peut-être, les louables énervements, les patriotiques impatiences d'un jeune homme sincèrement jaloux du progrès de son pays, soucieux de son avenir et de son autonomie.

Qu'il nous pardonne donc toutes nos inexpériences, littéraires....... et autres.

S. V.

CHOSES ET AUTRES

L'ASSOCIATION DES MEMBRES DU CORPS ENSEIGNANT
DE PORT-AU-PRINCE

CHERS COLLÈGUES,

Vous ne le savez pas peut-être. L'Association des
Membres du Corps Enseignant de Port-au-Prince
— cette œuvre qui a été si favorablement accueil-
lie dans le pays et qui est appelée à prendre une
importance si considérable dans nos affaires scolaires — est le produit d'une simple boutade,
boutade heureuse, s'il en est, puisque c'est à elle
que nous devons de nous réunir aujourd'hui,
puisque c'est à elle que nous devrons de nous réunir souvent, non pas comme dans une salle de
spectacle où la représentation de quelques pièces
comiques tissées de gros rire nous procure un pas-
sable délassement de nos esprits fatigués, mais
— ce qui est bien mieux — pour entendre des

conseils pratiques sur l'exercice du noble métier
d'instituteur qui est le nôtre, pour tirer parti de
toutes les observations utiles qui pourront nous
être faites dans cette série de conférences pédagogiques que nous avons le trop grand honneur
d'ouvrir ce soir.

Une boutade, avons-nous dit. C'est bien cela.

Voulez-vous que nous vous contions un peu la
chose ? Oui, n'est-ce pas ?

Il est toujours bon de tirer au clair l'acte de
naissance des Associations, de celles surtout dont
on fait partie, — de connaître, en quelque sorte,
leur genèse.

Eh bien ! voici :

Il y a quelque trois mois, un dimanche, tandis
que de sonores volées de cloche attiraient les
fidèles à l'office religieux, quatre jeunes hommes
causaient tranquillement dans une maison située
place de la Cathédrale. Quelques journaux épars
sur une chaise, des livres par ci, des brochures et
des revues par là, rien que cela suffisait bien pour
classer ce petit groupe dans ce que, tout dernièrement, un journaliste haïtien appelait la «volante»,
— la volante du progrès, celle qui bataille dans
la presse ou ailleurs pour la cessation des abus et
la réalisation prochaine des grandes réformes et
des améliorations tant désirées. Ils étaient, tous
les quatre, professeurs de l'enseignement secondaire. Les questions d'instruction publique les

intéressaient par conséquent, et ce n'est pas sans un vif plaisir qu'ils risquaient souvent, eux aussi, leurs petites dissertations sur ce *thème propice aux développements brillants*, selon la belle expression officielle, étalant, à ce sujet, *un véritable luxe de théories diverses.*

Vous devinez déjà, chers Collègues, les quatre membres du Comité d'initiative.

Nous causions donc écoles, programmes, locaux, mobiliers scolaires, livres classiques et le reste, lorsque, tout à coup, Lhérisson, qui a véritablement la passion des choses d'enseignement — ce qui, soit dit en passant, lui assure un avenir on ne peut plus souriant — nous fit un signe.

— Écoutez, Messieurs, nous dit-il.

Et, prenant le dernier numéro de *la Revue internationale de l'Enseignement*, une publication française du plus haut intérêt, organe de la Société de l'Enseignement supérieur que préside l'éminent M. Berthelot, membre de l'Institut, il nous lut, avec tristesse, le passage suivant concernant Haïti :

« *Haïti : Instruction publique.* — Rien n'est moins connu que l'état de l'instruction publique dans la République d'Haïti : à peine même sait-on qu'il se trouve des écoles de tout degré dans ce pays dont l'existence se manifeste surtout aux yeux de l'Europe par les révolutions qui le désolent périodiquement et par les abus de pouvoir dont

les partis politiques ne se font pas faute d'accabler
les résidents européens. Voici cependant qu'un
publiciste haïtien s'est avisé de fonder, en octobre 1893, un journal bi-mensuel, *la Revue de
l'Instruction publique*, destiné, d'après son programme, à être « l'organe des intérêts moraux et
intellectuels de la République d'Haïti ».

« Il résulte des renseignements épars dans cette
revue — auxquels l'esprit de parti n'est pas étranger et que nous ne sommes pas en mesure de con-
trôler — que, s'il existe théoriquement des établissements d'enseignement supérieur, secondaire
et primaire en Haïti, le fonctionnement n'est pas
des plus satisfaisants. L'enseignement supérieur
est représenté par une école de théologie (?) (nous
ne pensons pas que ce soit dans *la Revue de l'Instruction publique* que *la Revue internationale de
l'enseignement* ait puisé une information aussi fan-
taisiste ; tout ce que nous savons, c'est qu'il n'y a
pas d'école de théologie en Haïti), une école de
droit et une école de médecine. Ces trois écoles,
nous dit-on, fonctionnent à la satisfaction du Gouvernement et donnent des résultats. Toutefois, sans
parler des écoles de théologie (?) et de droit, sur
lesquelles, à notre vif regret, aucun renseignement
n'est fourni, il ne semble pas que l'enseignement
de la médecine ait rien de bien merveilleux. Il paraît que l'on entre dans cette école comme au
moulin. Le règlement dit qu'il faut, « pour entrer à

l'École de Médecine, être bachelier et produire un certificat de bonnes vie et mœurs » ; or, ce règlement n'est pas observé. Tout le monde est admis à faire partie de l'École de Médecine, de Pharmacie, sans qu'au préalable on ait constaté les aptitudes de ceux qui y vont suivre les cours. Bien souvent, par faiblesse ou par complaisance, on accepte un jeune homme illettré.

« Cette situation n'est rien moins que rassurante pour les futures victimes des prétendus élèves en médecine d'Haïti, et ce n'était en vérité pas la peine de mettre à la tête de l'École un docteur de la Faculté de Paris ! Au reste, les instruments d'étude paraissent dignes du laisser-aller qui préside à l'admission : on signale, en effet, « l'absence presque complète des ressources nécessaires aux expériences pratiques et au développement des connaissances enseignées aux étudiants. » Les desiderata, d'ailleurs modestes, exprimés par *la Revue haïtienne de l'Instruction publique*, se résument ainsi : « 1° rapprocher de l'École de Médecine le service de l'hôpital militaire ; 2° rétablir (!) la clinique médicale et créer (!) des salles de dissection; 3° refaire le jardin botanique ; 4° établir une pharmacie qui puisse répondre de fournir un médicament à la première demande d'un médecin. On n'est pas moins exigeant ! Mais que penser de l'état de l'enseignement supérieur dans un pays où de telles requêtes semblent urgentes... et naturelles ? »

Et, plus loin, la même *Revue* ajoute à propos de l'enseignement primaire : « Les plaintes les plus vives se font entendre sur l'état des écoles primaires : les documents officiels eux-mêmes ne dissimulent pas la triste situation de ces établissements... Ces écoles sont plus ou moins nulles.

« Remarquez, en passant, qu'il n'existe pas moins de quatorze corps d'inspecteurs scolaires en Haïti ; on voit que ces inspecteurs compensent le nombre par l'insouciance. Quant à l'impéritie des maîtres, il sera difficile d'y remédier, tant qu'on ne se décidera pas à réaliser la création, — sans cesse promise et sans cesse ajournée — d'une Ecole normale. »

Bien qu'un peu d'exagération se mêle à ces renseignements empreints d'un certain caractère de dénigrement, il est pourtant sage d'avouer que de pénibles vérités ont été dites dans la circonstance.

Aussi bien, comme Lhérisson achevait cette lecture que nous avions écoutée, le cœur serré, nous songeâmes tous, presqu'en même temps, à une initiative quelconque des intéressés eux-mêmes, c'est-à-dire des membres du Corps Enseignant pour aider, dans leur modeste sphère d'action, tous ceux qui sont chargés d'imprimer une direction meilleure à l'œuvre de l'éducation populaire, à exécuter, dans cette branche importante de l'administration publique, les réformes reconnues aujourd'hui indispensables.

Prendre en main les véritables intérêts de la jeunesse des écoles, tel serait alors notre plus grand désir. Mais le moyen ? Créer un journal uniquement consacré à la défense de ces intérêts?.....
Bonne peut-être, la combinaison serait loin d'être une combinaison pratique, car il est évident que nous ne pourrions pas, à nous quatre seulement, assurer la vie du journal qui ne ferait pas long feu.

Nous cherchions, nous cherchions, et nos quatre cervelles en fermentation ne trouvaient rien, rien. Tant d'obstacles chez nous se dressent devant les bonnes volontés découragées et abattues!...

Même, nous devisions sur d'autres sujets et nous allions bientôt nous séparer, quand Ethéart, d'une voix où perçait une pointe d'ironie plaisante, s'écria:

— Tenez, Messieurs, si nous fondions une Association des Membres du Corps Enseignant?

— Mais... l'idée n'est pas mauvaise, fit Lhérisson d'un air réfléchi, comme si déjà, escomptant dans sa pensée toutes les difficultés, il voyait l'œuvre réussir et s'organiser.

— Ah! c'est tout simplement une boutade, reprit Ethéart avec son sourire sceptique, je sais trop ce que c'est que fonder une Association, une Association de ce genre surtout, pour vous proposer sérieusement une impossibilité de cette force-là. Rappelez-vous donc, Messieurs, l'affaire des professeurs du Lycée. Non, il ne faut pas vous arrêter à ce moyen.

— Arrêtons-nous-y, au contraire, déclara solennellement Lhérisson. J'affirme que nous réussi-
rons. Seulement, il faut nous mettre à l'œuvre
immédiatement, il faut nous montrer des hommes
d'action et d'énergie.

Tessier, en homme avisé et prudent, ne disait
mot.

Lhérisson avait cependant parlé avec tant de
conviction que nous acceptâmes sur l'heure le
principe de l'Association.

Sur-le-champ, le Comité d'initiative avait pris
naissance et commençait à travailler. Nous fûmes
improvisé secrétaire, et, en un quart d'heure, des
informations pour les journaux quotidiens du len-
demain étaient rédigées, et la Circulaire de convo-
cation à adresser à tous nos collègues également
rédigée.

Vous savez le reste.

Cette noble passion, cette vocation de notre honorable président, qui montre un enthousiasme si
ardent pour tout ce qui touche de près ou de loin
aux questions d'enseignement, a largement contribué à la réussite de notre œuvre, et nous nous
étions promis de vous le dire publiquement un jour
ou l'autre.

. La vocation! Ce sera, si vous le voulez bien,
chers collègues, le sujet de la conférence de ce soir.

*
* *

Il faut, pour être un bon instituteur, un bon professeur, un bon maître enfin, réunir un ensemble de qualités qui font quelquefois défaut à beaucoup d'entre nous, mais que tous, avec notre bon vouloir, nous sommes en mesure d'acquérir par des études spéciales indispensables à tous ceux qui se consacrent à l'éducation des enfants.

Du zèle, du dévouement, de l'instruction, de l'expérience, une connaissance profonde de son état, de la patience, une grande douceur de caractère, de la dignité surtout, voilà, nous semble-t-il, des qualités que le maître doit particulièrement posséder.

Le rôle social de l'instituteur est, en effet, trop important, pour qu'il ne se pénètre pas de toute la dignité de ses délicates fonctions. L'instituteur fait l'avenir.

Selon qu'il se sera dépensé pour le bien public, qu'il ne recherchera pas, comme tant d'autres, hélas! la satisfaction de mesquins intérêts personnels; — selon qu'il se fera une juste et haute idée des grands intérêts qui lui sont confiés dans le poste d'honneur et de confiance qu'il occupe, qu'il aura bien compris que le sort de la Patrie de demain dépend, dans une notable mesure, de ses laborieux efforts; — selon, enfin, que, dans son noble orgueil d'apôtre ou de missionnaire, il se sera dit qu'il est le dépositaire des suprêmes espoirs de tout un peuple, que son devoir, devoir sacré, est de donner toute son énergie, tous ses soins, tout son temps, toute sa vie même, à l'œuvre auguste de la préparation intelligente et fructueuse des générations nouvelles, cette réserve précieuse de nos forces vives, il aura montré qu'il travaille avec conscience à remplir entièrement les obligations de son sacerdoce.

A l'école, l'horizon de l'enfant est borné. Et, comme il y passe tout son jeune âge, il est facile de se convaincre de l'influence de ce séjour plus ou moins long sur sa destinée future. Il ne voit pas plus loin que le maître. Pour l'enfant, le maître est tout. Aussi modèle-t-il, sans réserve, son caractère, ses principes, son éducation, ses manières, sa conduite générale, sur le caractère, les principes, l'éducation, les manières et la conduite générale du maître. On peut, sans craindre de se tromper, émettre cette opinion — basée d'ailleurs sur une exacte observation — que l'homme de demain, qui est dans l'enfant, sera ce qu'a été le maître. « Dès le jeune âge, dit M. Michel Charbonneau[1], les penchants se dessinent, les habitudes se contractent, la conscience s'éclaire, la volonté s'affermit, les croyances se forment, l'exemple du maître vient corroborer le tout, et l'homme a reçu, dès lors, l'empreinte indélébile qui doit marquer son existence morale ; et c'est ainsi que se prépare

---

[1] *Cours théorique et pratique de la pédagogie.*

toute une carrière peut-être de fautes, de hontes
et de malheurs, ou bien la vie noble et utile de
l'homme d'honneur et de probité, du bon citoyen
et du parfait chrétien. Quand on est appelé à tenir
dans ses mains un tel avenir, on peut, à juste titre,
croire à la dignité des fonctions qui nous sont
dévolues. »

M. Léon Bourgeois[1] proclame encore « qu'il n'est
pas de fonction plus haute que celle de l'instituteur, et qu'il n'en est pas de plus délicate, que la
tâche ne finit pas pour lui à l'heure où finit la
classe et qu'elle veut l'homme tout entier ».

Toutes ces considérations sont pour vous rappeler que ce n'est pas là une tâche qu'on peut
accepter de remplir à la légère, à moins — ce qui
serait une erreur grossière et pleine de désas-
treuses conséquences — de ravaler la profession
d'instituteur au rang d'un métier quelconque, d'une
occupation ordinaire à laquelle on peut se livrer à
défaut d'autre.

Ce serait un crime de se tromper ainsi.

La principale condition de celui qui veut se livrer
avec quelque succès à la carrière si belle et si
pénible à la fois de l'enseignement est d'avoir la
vocation.

La vocation est une inclination naturelle, une
sorte de disposition particulière de notre âme qui

---

[1] *Ancien Ministre de l'Instruction publique en France.*

nous porte à embrasser tel état, telle profession plutôt que telle ou telle autre. C'est ainsi qu'on a la vocation d'instituteur, de médecin, d'avocat, etc.

Comment se manifestera, par exemple, la vocation d'instituteur ? Cette vocation peut se manifester de diverses manières, mais son caractère distinctif consiste dans un entraînement involontaire, dans quelque chose même comme une poussée instinctive vers les choses d'éducation. Le jeune homme qui se sentira dominé par des penchants si prononcés, qui aura subi leur influence, peut être certain de sa vocation.

Dans ses *Lettres sur la profession d'instituteur*, M. le recteur Théry déclare que les deux éléments principaux de la vocation peuvent se formuler ainsi : « Aimer l'enfance, se respecter soi-même. »

Il s'agit maintenant de se demander comment l'on doit aimer l'enfance.

Aimer l'enfance... (nous entendons l'aimer d'une façon franche et intelligente), c'est, en quelque sorte, se faire enfant soi-même ; c'est se plaire en sa joyeuse compagnie, se montrer doux et bon envers elle ; c'est vivre de sa vie en se dépouillant de toute raideur, de toute prétentieuse supériorité ; c'est participer de tout cœur à ses joies et à ses bonheurs ; c'est créer entre elle et soi un lien indissoluble de profonde sympathie et d'absolue confiance.

Aimer l'enfance, c'est se nourrir de ces belles

paroles du divin Maître à ses disciples : « Laissez venir à moi les petits enfants » ; c'est sourire à sa turbulence aimable, à ses grâces légères ; c'est ne jamais être dur envers elle, ne jamais la maltraiter, ne pas s'impatienter de son inapplication, ne pas dédaigner ses faiblesses, ne pas s'indigner, outre mesure, de sa conduite quelquefois mauvaise.

Aimer l'enfance, c'est en faire l'objet le plus cher de sa préoccupation ; c'est diriger les sentiments de son cœur, corriger ses défauts, élever sa jeune âme dans la pratique du bien et l'amour de la vertu ; c'est se bien conduire soi-même, s'éloigner du mal afin de lui donner le bon exemple ; c'est montrer une certaine fermeté de caractère qui doit être comme un juste contrepoids de l'extrême affection qu'on lui porte et avoir ainsi sur elle une autorité toute paternelle.

Aimer l'enfance, c'est conquérir son respect sans lui inspirer aucune crainte ; c'est n'avoir jamais l'air de l'humilier, ne jamais la blesser par des injustices ou des actes de partialité ; c'est l'attirer par des manières affables et une physionomie avenante, car la maussaderie est mauvaise conseillère ; c'est gagner son admiration en s'intéressant, avec vigilance et dévouement, à tout ce qu'elle fait ; c'est lui donner un goût profond de l'étude en applaudissant sans réserve à ses efforts et à ses succès, en l'encourageant sans cesse à persévérer dans le travail.

Aimer l'enfance, c'est n'avoir pour elle ni dureté, ni hypocrisie, ni dédain, ni rancune; c'est ne pas grandir de sa petitesse ; c'est se persuader qu'on a en main la plus belle portion de la Patrie, c'est-à-dire les hommes d'État, les administrateurs, les grands travailleurs, et certainement les chefs futurs de la République ; c'est exercer son sens moral ; c'est lui parler sans cesse d'ordre, de paix, de stabilité ; c'est lui prêcher constamment l'union et la concorde et lui dire toute l'horreur des guerres intestines.

Voilà, à peu près, chers collègues, comment nous entendons qu'on doit aimer l'enfance.

En est-il beaucoup parmi vous qui l'aiment ainsi... ? Nous voulons bien le croire, et nous souhaitons qu'il en soit de même partout dans le pays.

Il faut pourtant que nous vous disions que la vocation a quelquefois manqué à certains membres du Corps Enseignant qui acceptent, par exemple, des fonctions de professeur comme un pis-aller, en attendant qu'ils trouvent mieux à faire. Il est facile de comprendre que, dans ces conditions-là, on ne peut attendre du travail de cette catégorie de professeurs que des résultats absolument négatifs.

Mais ce goût inné, ce penchant involontaire, cette qualité naturelle qu'on appelle la vocation suffit-elle pour devenir un bon maître ? Évidemment non.

De même que pour l'enfant, le travail et l'étude

doivent venir en aide à l'intelligence, quelque brillante qu'elle soit, de même il est indispensable, pour
le maître, qu'une bonne préparation professionnelle
précède son entrée définitive dans la carrière de
l'enseignement, que sa vocation reçoive les secours
de la science, qu'il ait, au moins, des idées nettes
et précises sur les méthodes et procédés pédagogiques et qu'il n'ignore pas, dès le début, comment
on maintient la discipline dans une classe, comment on fait réciter les leçons, comment on corrige
les devoirs, comment on répartit les matières du
programme, comment on fait une classe enfin.

Pour acquérir toutes ces qualités essentielles à
la profession d'instituteur, il faut être initié à une
science, — la science de l'éducation, — la pédagogie.

La pédagogie! Les pédagogues! Voilà des mots
que vous ne connaissez pas depuis bien longtemps.

Ce sont, en effet, des termes assez neufs, et leur
sens moderne diffère absolument de leur acception
ancienne.

Chez les Grecs et les Romains, le pédagogue
était un domestique esclave qui accompagnait les
enfants à l'école.

En France, le mot *pédagogue* a toujours été pris
en mauvaise part. Jusqu'en ces derniers temps,
c'était un mot malsonnant, employé seulement pour
désigner ces hommes pédants, ces beaux esprits
qui, dans tous les temps et dans tous les lieux,
aiment à se targuer, à tout propos, dans leur ridi-

cule suffisance, de connaissances chimériques qu'ils croient posséder.

Vous vous rappelez tous, sans doute, cette désopilante scène des *Femmes Savantes* de Molière où Chrysale et Philaminte se chamaillent à propos du mari qu'il convient de donner à leur fille Henriette. Deux candidats sont en présence : Trissotin, le bel esprit, qui est fortement soutenu par Philaminte, et Clitandre, que Chrysale veut quand même avoir pour gendre.

Martine, la servante de cuisine, qui a, paraît-il, quelque influence dans la maison, appuie le choix de Chrysale, et, s'adressant à Philaminte au milieu de la discussion, elle lui dit :

> ...... Et pourquoi, s'il vous plaît,
> Lui bailler un savant qui sans cesse épilogue ?
> Il lui faut un mari, non pas un *pédagogue*.

Le xviii⁰ siècle a conservé au mot sa même acception mauvaise, puisque Voltaire parle quelque part de *ces pédagogues raisonneurs, éternels ennemis de la raison*.

Tout récemment encore, vers 1831, Victor Hugo n'a-t-il pas écrit ces vers fulminants que vous avez dû lire dans *les Contemplations* :

> Marchands de grec ! marchands de latin ! cuistres ! dogues !
> Philistins ! Magisters ! je vous hais, pédagogues !

Et pourquoi, pensez-vous, cette amère diatribe du grand poète contre les gens de notre métier? Pour s'être tout bonnement rappelé qu'un jour de sortie, alors qu'il était potache, ayant été mis en retenue avec cinq cents vers d'Horace et vingt fois l'ode à Plaucus et l'épître aux Pisons, il perdait un rendez-vous avec la fille du portier qu'il devait mener, si le temps n'était pas trop mauvais, manger de la galette aux buttes Saint-Gervais.

Il n'y avait pas, comme vous le voyez, de suffisants motifs pour fouetter toute une honorable corporation avec de si virulents alexandrins.

Ces réminiscences ont pour objet de faire ressortir que la pédagogie est une science très moderne qui, dans l'espace d'une cinquantaine d'années, a fait de rapides progrès en Europe. Elles montrent aussi combien nous sommes loin des acceptions de Molière, de Voltaire et même de Victor Hugo, puisque M. Octave Gréard, vice-recteur de l'Académie de Paris et membre de l'Académie Française, s'honore, à plus d'un titre, de s'entendre appeler aujourd'hui le « premier pédagogue de France ».

La pédagogie consiste surtout dans la psychologie de l'enfant. « En tant que science, dit M. Alexandre Martin, [1] elle n'a pas un domaine

[1] Chargé du Cours de Pédagogie à la Faculté des Lettres de Nancy. (Voir l'introduction à l'ouvrage *De l'Éducation du Caractère*.)

absolument propre. Elle appartient, d'une part, aux sciences biologiques, à la somatologie, et, d'autre part, aux sciences philosophiques, à la psychologie. Ce qui semble la distinguer, c'est qu'elle étudie plus particulièrement le corps et l'âme de l'enfant.

« Par son objet qui est pratique et qui consiste dans l'éducation des enfants. la pédagogie est un art ; elle ne cherche pas seulement à connaître la réalité, ce qui est le propre de la science, elle a la prétention d'agir sur la réalité pour la modifier, ce qui est le propre de l'art.

« Mais en pédagogie, comme ailleurs, la science doit nécessairement précéder l'art. »

Aussi bien, l'enseignement pédagogique se fait-il aujourd'hui, en France, sous une forme absolument didactique, non seulement dans les écoles normales d'instituteurs, mais encore dans les principales Facultés de Lettres.

Herbert Spencer, dans son livre *De l'Éducation*, serait même d'avis de l'introduire dans les études classiques par la raison, dit-il, que les élèves d'aujourd'hui seront plus tard des pères de famille, qu'ils auront la tâche difficile d'élever des enfants et qu'il est très utile que, de bonne heure, ils connaissent les principes de l'éducation physique, morale et intellectuelle qui doivent leur servir de guides.

Il voudrait que, dans les écoles primaires et dans les lycées, il y eut un Cours spécial dont l'objet scrait de préparer à la paternité. Mais on s'est élevé, non sans de bons motifs, contre ces propositions apparemment excellentes de M. Herbert Spencer. On a fait observer fort judicieusement que l'introduction de cette nouvelle matière, et de bien d'autres encore qu'on recommande tous les jours, ne tendrait à rien moins qu'à « la surcharge excessive des programmes, et à la réduction, excessive aussi, imposée à chacune des matières du programme pour faire place à d'autres ».

Vous voyez ainsi, mes chers Collègues, toute l'importance de l'enseignement pédagogique et comment, dans les principaux pays de l'Europe — en France notamment — il tend à se vulgariser.

Si donc, avant tout, il faut avoir la vocation pour se livrer à la tâche difficile et délicate de l'enseignement, il n'est pas moins vrai que des connaissances scientifiques spéciales sont indispensables pour que cet enthousiasme naturel ne se dépense pas en pure perte.

En attendant la fondation de nos Écoles normales, il vous appartient de travailler sans relâche à vous rendre de plus en plus dignes des hautes fonctions que vous occupez.

C'est par le travail et l'effort que, ayant d'abord la vocation, c'est-à-dire l'amour de votre état, étant bien pénétrés de la grandeur de votre mission, vous parviendrez à construire cet avenir de splendeur que la République attend.

Ne soyez jamais découragés dans l'accomplissement souvent pénible de vos nobles devoirs.

Aux heures de défaillance, quand, écrasés par les
peines et les fatigues de toutes sortes, vous serez
sur le point de tomber dans cet état d'apathie si
commun à quelques-uns d'entre nous, armez-vous
encore de patience et de courage.

Souvenez-vous que « vous devez être les hommes
des idées larges et supérieures, des études et des
opinions désintéressées ».

Comme le disait, au mois de mai de cette année
même, M. Spuller, ancien ministre de l'Instruction
publique en France, à la réunion générale des
membres du Corps Enseignant de l'Académie de
Poitiers, « votre mission est non seulement intellectuelle et pédagogique, mais surtout morale et
sociale. C'est, à tous les degrés, une mission de
paix et de réconciliation nationale. Pour travailler
à ces deux grandes œuvres, la réconciliation et la
diffusion des sentiments de concorde et de fraternité qui doivent animer tous les membres d'une
même démocratie, vous avez à votre portée la
science et la liberté. »

Appliquez-vous donc, chers Collègues, dans cet
ordre d'idées, à répéter sans cesse à vos élèves que
leurs seuls mobiles, dans la vie, doivent être
l'honneur et le devoir ; appliquez-vous à jeter, dans
leurs jeunes cœurs, les semences de tout ce qui est
juste et de tout ce qui est honnête, car nul terroir

n'est plus propice au développement de germes si féconds ; — appliquez-vous surtout à inspirer à ces enfants qui vous sont confiés un amour profond de la Patrie, de cette Patrie haïtienne dont l'avenir est en vos mains et qu'il dépend encore beaucoup de vous de faire arriver à ses glorieuses destinées.

ASSOCIATION

DU

CENTENAIRE DE L'INDÉPENDANCE NATIONALE

Fête d'inauguration

(17 janvier 1892)

RAPPORT DU SECRÉTAIRE GÉNÉRAL

MESDAMES, MESSIEURS,

Titre, comme noblesse, oblige. A côté de l'honneur, du grand honneur qu'elle m'a fait de m'élire son secrétaire général, l'Association du Centenaire devait m'imposer une bien lourde tâche.

Je n'ai certainement pas l'intention de vous faire un discours. Mais, comme je comparais, pour la première fois, devant un public, je sens en ce moment que je suis tout... chose. Dame ! quel que soit le courage du jeune soldat, n'a-t-il pas toujours de petites émotions dans le ventre quand il reçoit son baptême de feu?...

Je dois vous avouer que j'ai, d'abord, vivement hésité à accepter la redoutable et périlleuse mission que je remplis maintenant. N'est-ce pas, en effet, paraître bien téméraire aux yeux de ce brillant auditoire que de parler, ne fut-ce même que pour lire un simple rapport, après le discours éloquent [1] qui vient d'être prononcé ?...

Aussi, pour ma part, je me lave les mains, et je rends notre distingué Président, l'honorable M. Jérémie, entièrement responsable de l'ennui que je vais vous causer pendant quelques minutes.

Je suis donc chargé de vous faire l'historique de notre jeune Association, si toutefois l'on peut appeler ainsi les quelques phases par lesquelles elle a passé depuis sa fondation — qui date de trois mois à peine — jusqu'au jour où nous avons définitivement voté nos Statuts généraux.

Les circonstances qui firent naître l'idée de fonder l'Association, les travaux qui ont été faits, l'organisation générale et l'avenir de l'œuvre : voilà de quoi je vais vous entretenir aussi sommairement que possible.

*
* *

Un soir, réunis une dizaine environ dans une misérable chambre d'étudiant, nous nous communiquions nos patriotiques angoisses, nous déplorions ensemble les malheurs de la Patrie, et nous cherchions, en de fraternels échanges de vues et

---

[1] Discours de M. Jérémie.

d'idées, par quels moyens l'on pourrait arriver à améliorer notre état social si déconcertant et à lancer le Pays dans la véritable voie du progrès qu'il cherche — en tâtonnant comme un aveugle — depuis près d'un demi-siècle. Nous avons été unanimes à remarquer que le patriotisme, ce sentiment si beau et si grand, baissait sensiblement chez l'Haïtien, qu'il en était venu à être sceptique, à ne plus avoir cette foi robuste dans un avenir que, nous autres, nous croyons meilleur.

Nous avons alors compris qu'il y avait pour nous autres, les jeunes, un grand devoir, que nous devions nous remuer, sortir de cette torpeur, nous réveiller de notre coupable apathie, et nous montrer vraiment les gardiens attentifs du brasier sacré de nos immortels souvenirs.

— Pas beaucoup de phrases! Des actes! dit alors l'un d'entre nous. Il ne faut pas que nous nous arrêtions, comme c'est la regrettable coutume chez nous, à de simples discours. Prouvons que nous voulons faire une œuvre, une œuvre solide et durable.

Un beau vers de Racine, par une heureuse réminiscence, lui vint soudain sur les lèvres:

La foi qui n'agit point, est-ce une foi sincère?

s'écria-t-il!

Le coup avait porté!

Nous nous mîmes résolument à la tâche. Et le vendredi 30 octobre de l'an dernier, l'on pouvait lire, dans le journal *la Revue-Express*, un entre-filet annonçant au public que la première séance de l'Association littéraire, scientifique et artistique du Centenaire de l'Indépendance était fixée au dimanche 1er novembre suivant. La séance eut lieu. Le local de l'École Nationale de Droit, gracieusement mis à notre disposition par son sympathique directeur, l'honorable M. Edmond Lespinasse, que je suis heureux de remercier ici au nom de mes collègues, le local de l'École de Droit fut le siège de nos délibérations.

A cette première réunion, **nous étions** là une trentaine environ. Après avoir écouté, avec un religieux silence, la brillante allocution où M. Pierre Laforest avec des larmes dans la voix, exposa le but de l'Association et rappela, en quelques mots, l'éternelle reconnaissance que nous devons aux grands hommes de l'Indépendance, des bulletins nous furent distribués pour la nomination du Bureau provisoire. Au premier tour de scrutin, le nom de l'homme distingué qui préside en ce moment à cette séance solennelle sortit de l'urne.

M. Jérémie, élu président provisoire, remercia ses collègues dans une émouvante improvisation. Puis, comme si l'on s'était donné le mot, nous accueillîmes tous, avec le même empressement, la proposition qui nous fut faite d'acclamer M. Laforest comme vice-président. C'était justice! Tous, nous avions présentes à la mémoire, ce jour-là, les paroles célèbres de la bonne Lorraine.

Laforest avait été à la peine, il était juste qu'il fût à l'honneur. Les conseillers élus furent l'honorable député Grandoit, MM. Massillon Coicou, Thrasybule Laleau et Edmond Valin.

Cette administration provisoire avait pour mission de préparer le projet de Statuts de l'Association et de diriger nos travaux jusqu'à la nomination du Bureau définitif.

Plus rien n'étant à l'ordre du jour, le président Jérémie déclara close la première séance de l'Association du Centenaire.

Et chacun se retira content, disent les journaux *la Revue-Express* et *le Peuple*, dans le compte rendu qu'ils firent de cette séance; chacun se retira content, emportant bien chaud dans l'âme

Le souvenir de la grande Épopée
Par nos pères écrite au livre d'or du Temps
Avec le sombre éclair du bronze et de l'épée.

*
* *

Les Statuts généraux de l'Association ont été discutés et votés dans les séances des 22 novembre et 7 décembre 1891. Ces discussions furent de véritables joutes oratoires. Nous ne ferons pas faute de

mentionner ici la vive et brillante discussion religieuse qui eut lieu dans la séance du 7 décembre à
propos d'un article des dispositions générales.

Il s'agissait de l'insigne que devaient porter les
membres de l'Association. Un collègue avait proposé d'adopter un nœud vert entrelacé d'une croix
aux couleurs rouge et bleue. Le mot *croix* avait
choqué quelques-uns — les matérialistes tout naturellement — car nous avons des matérialistes
parmi nous. Mon Dieu ! je crains bien que ça nous
porte malheur ! Les autres soutenaient, au contraire, la proposition avec ardeur et demandaient
le maintien de la croix dans l'insigne. Il y avait,
comme vous le voyez, matière à disserter, et,
comme de fait, l'on s'est livré à un très intéressant
tournoi d'éloquence.

Parmi les champions de la croix, combattant avec
acharnement à côté de Laforest, l'on a remarqué
le collègue Georges Fouché, que les mauvaises
langues accusent d'être un transfuge. Les argu-
ments étaient solides de part et d'autre, et la discussion allait se neutraliser par le maintien du
statu quo, lorsque M. Valbrune entra en lice avec
la majorité qui avait hâte de prendre une décision.

Il était d'avis de rejeter la première proposition
et d'admettre, de préférence, pour notre insigne,
un cercle vert coupé par deux sécantes parallèles
aux couleurs rouge et bleue.

Cet avis fut presque unanimement partagé, et la séance prit fin.

Voilà, en résumé, Mesdames, Messieurs, ce que nous avons déjà fait. Nous ne nous bornerons pas là, assurément. Notre Association, qu'on veuille bien le croire, n'est pas la résultante d'un engouement éphémère, d'un enthousiasme d'un jour; c'est l'œuvre réfléchie, étudiée, d'un groupe de jeunes hommes sérieux, agissant dans l'intérêt supérieur de notre cher Pays. L'œuvre est éminemment nationale. Elle s'organise de façon à ce que, jusque dans les dernières bourgades de la République, elle puisse recruter des adhérents. C'est dans ce but que des délégués généraux vont être nommés dans chacune de nos principales villes. Déjà, la bonne propagande se fait activement dans les départements. Aux Cayes et aux Gonaïves, deux journaux, *le Courrier du Sud* et *le Glaneur de l'Artibonite*, ont déjà fait connaître à ces intéressantes populations les nobles idées qui sont le mobile de notre Association. Ces journaux contribuent ainsi à l'extension de l'œuvre.

Nous avons foi dans l'avenir. Nos malheurs ne doivent pas être, en effet, pour nous une source de découragement. Nous devons y puiser, au contraire, la force et le courage qu'il nous faut dans cette âpre lutte que nous avons pour devoir de soutenir, dans l'arène sociale, contre les vieux errements, les systèmes vermoulus, les stupides

préjugés, l'erreur, l'ignorance et son noir cortège
de maux.

Une grande figure contemporaine qui a person-
nifié la France pendant ces derniers temps — Gambetta — disait après la guerre franco-allemande :
« Quand la Patrie traverse des moments difficiles,
espérons peu, mais ne désespérons jamais. »

Ah ! puissent les malheurs de notre jeune République et les jours sombres qu'elle a traversés nous
inspirer, à nous aussi, un patriotisme plus ardent,
une foi plus vive dans ses belles destinées.

Élevons nos cœurs vers un idéal consolant !
Ayons, comme but de tous nos efforts, la prospérité du Pays, la grandeur de notre jeune Nation.
Et, alors, nous marcherons. Et, au jour glorieux
du Centenaire de notre Indépendance, l'on pourra
assister à ce spectacle vraiment émouvant : la fusion
sincère de tous les cœurs haïtiens dans un suprême
élan d'enthousiasme et d'amour pour la Patrie !

LES FUNÉRAILLES D'EMMANUEL LÉON

Maître J.-L. Dominique, professeur à l'École Nationale de Droit, chargé de la direction de l'École, se présente au bord de la fosse et, au nom de l'Établissement, prononce quelques paroles de condoléances, et annonce que M. Sténio Vincent, étudiant en droit, va dire l'adieu suprême au professeur disparu.

DISCOURS DE M. STÉNIO VINCENT

Mesdames, Messieurs,

A la vive affliction, aux regrets immenses, à l'angoisse publique, à cette poignante douleur universellement éprouvée à l'occasion de la mort de notre cher professeur Emmanuel Léon, l'École Nationale de Droit — elle surtout — prend une très large part.

C'est qu'elle a le sentiment profond de tout ce que ce trou béant va lui ravir, c'est qu'elle a su apprécier pendant longtemps le mérite incontes-

table, l'affabilité naturelle, l'exquise aménité des
manières de celui qui fut un de ses professeurs les
plus distingués.

M° Emmanuel Léon laisse, en effet, parmi le personnel et les étudiants de notre Faculté, un vide
incalculable.

C'est la société entière, c'est la Patrie qui souffre
de la disparition subite de cet homme, hier encore
plein de vie, appelé à de si belles et de si hautes
destinées. Car, il faut l'avouer bien haut, lorsqu'un
pays comme le nôtre — toujours, hélas ! au bord
de l'abîme au vertige duquel il résiste encore —
lorsque ce pays, disons-nous, se trouve tout à coup
privé du concours d'hommes remarquables comme
Emmanuel Léon, il perd certainement autant de
chances de salut.

Les brillantes qualités de feu M° Léon n'ont
jamais été un doute pour personne.

Aussi, nous nous rappellerons bien souvent les
admirables leçons qu'il nous a faites avec tant de
clarté, tant de méthode, tant d'esprit. Il rendait ses
cours accessibles à toutes les intelligences.

Exposait-il, devant son jeune auditoire, les théories élevées, les principes abstraits qu'on rencontre
parfois dans l'étude du droit, c'était toujours la
même netteté dans les idées, le même attrait, le
même intérêt.

Quelquefois, dans ses cours — qu'il mêlait toujours d'une sorte d'enseignement moral et social

— il en arrivait à nous parler du Pays, de son Pays qu'il aimait d'un si grand amour.

Oh ! alors, quelle verve ! quelle merveilleuse puissance de langage ! quelle éloquence entraînante !...

Les plus froids étaient réchauffés par sa parole chaude, sonore, toujours vibrante du plus pur patriotisme.

Avec quelle ardeur il nous exhortait au travail, à cette besogne solide et constante qui, seule, peut nous faire acquérir nos grades universitaires !

D'autres fois, c'était chez lui, dans son étude d'avocat. Des étudiants y allaient assez souvent prendre des conseils. Il se mettait à notre disposition avec la meilleure grâce du monde ; nous séduisait par son éblouissante causerie, débordante de jeunesse et de gaieté. Nous étions toujours à notre aise, la conversation allait son train familier, tout comme si nous avions l'honneur d'être comptés au nombre de ses plus intimes amis.

Quoique d'un dehors réservé, jamais caractère plus doux, jamais homme d'un commerce plus agréable.

Voilà pourquoi nous garderons un pieux et immortel souvenir de notre vénéré maître Emmanuel Léon ; voilà les justes raisons de l'imposante et consolante manifestation des étudiants de l'École Nationale de Droit.

Les grands enseignements qu'il nous donnait

en chaire, il les donnait aussi dans la Presse :

« Aime toujours le coin de terre où tu es né, disait-il dernièrement à ses concitoyens, dans un livre dont il a écrit la préface dans un élan de patriotique inspiration. Aime toujours le coin de terre où tu es né. Tu en as le droit, et c'est une condition essentielle de ta liberté. Mais, à côté de ce droit auguste, il y a aussi le devoir de concourir de toutes tes forces à son avancement, à son évolution vers le progrès. »

C'est à l'intelligence complète de ce devoir qu'il nous initiait, lorsque la mort est venue brusquement l'enlever à notre affection.

Au nom de l'École Nationale de Droit, cher et regretté Maître, reçois cette couronne que nous déposons sur ta tombe, en témoignage de nos regrets et de notre reconnaissance. Reçois aussi nos tristes adieux.

Tu vis encore, cher Maître, tu vivras toujours dans le cœur affligé de tes élèves.

(La Revue de la Société de Législation.

Numéro du 2 juillet 1892.)

L'ANNÉE
POLITIQUE ET PARLEMENTAIRE
COLLATIONNÉE SUR LES TEXTES OFFICIELS
PAR M. EMMANUEL CHANCY

Il vient enfin de paraître, à l'imprimerie Amblard, le livre si impatiemment attendu de M. Emmanuel Chancy.

Après *l'Indépendance nationale d'Haïti* — une étude très fouillée où la naissance de la Nation haïtienne est tirée au clair vis-à-vis de l'Étranger, dégagée de toutes les légendes plus ou moins fantaisistes dont on se plaisait à entourer notre berceau de peuple — après avoir condensé dans un autre ouvrage très précieux intitulé: *Pour l'Histoire*, différentes pièces importantes relatives aux mémorables événements de 1883, M. Emmanuel Chancy poursuit avec éclat la longue série de ses travaux historiques par *l'Année politique et parlementaire, collationnée sur les textes officiels*.

Le nouveau fruit des patients labeurs de cet écrivain distingué sera — nous en avons le ferme espoir — très favorablement accueilli par le public haïtien.

M. Emmanuel Chancy est un travailleur infatigable. Il a la passion ardente des études historiques.

L'Année politique et parlementaire n'est pas — comme le titre pourrait le faire croire — un simple recueil documentaire destiné seulement à faciliter les recherches. Outre que son utilité pratique est évidente, il y a encore la première partie de l'ouvrage qui est d'un intérêt très élevé.

Nous voulons parler de la préface que lui a consacrée M. Jérémie et des propres prolégomènes de l'auteur.

M. Jérémie a brillamment et sommairement mis le doigt sur nos plaies sociales. Il est bien préparé pour se livrer à cette noble besogne.

M. Jérémie est un esprit analytique qui va toujours au fond des choses, regardant bien loin à travers les événements, afin d'en dégager une juste et saine philosophie.

Les fortes pensées qu'il exprime dans sa préface sont le résultat d'une constante et profonde observation des hommes et des choses.

Or, comme il dit fort bien : « La politique est une science d'observation : on ne gouverne pas les hommes avec des théories. Pour les conduire à toutes les conquêtes sociales qu'il faut à leur intelligence et à leur activité, les classes dirigeantes ne doivent pas s'arrêter à la surface des choses. Il y a le fond qui se meut ; loin d'obéir à un mouvement désordonné, elles sont appelées à le régler. Chacun, pris isolément, a ses instincts et ses appétits qui demandent des satisfactions immédiates ; mais ces instincts et ces appétits ne peuvent pas être entièrement satisfaits sans froisser d'autres intérêts particuliers également respectables. »

Elle est, enfin, d'une lecture très friande, cette préface où M. Jérémie déploie, à son aise, ses incontestables qualités de penseur érudit et de styliste. Ses phrases sont souples, bien ciselées, et d'une gravité presque religieuse.

Dans ses prolégomènes, M. Emmanuel Chancy s'écarte du terrain brûlant de la politique courante pour se placer dans la saine région des principes. Il y est plus à l'aise pour avoir toute sa liberté d'appréciation dans les divers événements qu'il fait passer par le creuset de l'analyse historique.

M. Chancy nous avoue que son ouvrage était d'abord combiné sur un plan plus large.

Suivre les différentes étapes politiques qu'a parcourues notre jeune Nation depuis son indépendance, recueillir les discussions qui ont eu lieu, à des époques déterminées, pour l'élaboration de nos diverses Constitutions, montrer les innovations hâtives et dangereuses qui se sont produites ou qui ont tenté de se produire à la suite de nos bouleversements violents, déclarer si ces grands progrès politiques — sur papier — pouvaient réelle-

ment passer dans le domaine des faits, eu égard
aux mœurs, aux aspirations et au développement
intellectuel et social du peuple haïtien, voilà l'étude
intéressante à plus d'un point de vue à laquelle
M. Chancy, dès le principe, avait voulu se livrer.

Mais — car il y a toujours un *mais* découra-
geant dans notre cher Pays — il lui a été matériel-
lement impossible de réaliser un aussi vaste travail. Cette conception hardie a dépassé de beaucoup,
comme on le voit, la possibilité même de l'exécution, par suite de *nos révolutions périodiques et de
la destruction calculée ou inconsciente d'archives
publiques datant d'au moins quinze ans.*

Pourtant, à défaut d'une œuvre de si large enver-
gure, M. Chancy n'en a pas moins fait un travail
précieux.

A considérer cette crise morale qui sévit depuis
une dizaine d'années sur le Pays, devenu le jouet
de quelques aventuriers politiques, à voir la Patrie
épuisée, saignée à blanc par des gens sans foi et
sans principes qui ont plein la bouche les gros
mots de *progrès, civilisation, ordre social et liberté*
ne s'en souciant au fond que comme d'une guigne,
à envisager cet esprit de désordre, d'indiscipline,
de licence, d'immoralité, introduit dans les différentes branches de l'Administration, altérant la
conscience populaire, et, enfin, toutes ces vieilles
routines absurdes et vermoulues où notre jeune
Nation semble se figer, M. Emmanuel Chancy se

demande, avec raison, à quoi ont servi ces lois fondamentales écloses presque toutes à l'issue de l'horrible virtuosité des balles et des mitrailles de nos luttes fratricides, et qui ont cependant l'apparence de marquer des phases d'évolution.

Evolution ! avons-nous dit.

Hélas! comme M. Emmanuel Chancy, nous la voyons à peine.

« Treize Constitutions et dix-sept Chefs d'État! »

Et nous en sommes encore à ne pas pouvoir non seulement parcourir nos routes de l'intérieur, mais circuler dans les rues de bien des villes de la République *à la suite de la moindre crue des eaux ou d'une abondante ondée.*

Il faut avouer que ce n'est pas bien consolant.

Pour nous, nous pensons humblement que ces perpétuels changements de notre organisation politique vicient nos institutions, jettent le trouble dans les administrations et paralysent toutes les bonnes initiatives.

Nos hommes d'État n'ont jamais pensé à créer, à construire sérieusement la sécurité publique.

De cette sécurité naîtrait infailliblement la stabilité gouvernementale et politique.

L'heure actuelle est l'heure suprême.

Pour initier le peuple à l'intelligence nette et précise de ses devoirs dont les principaux sont le respect des lois et le respect de l'autorité, il faut faire son éducation.

Cette tâche délicate incombe à nos classes dirigeantes.

Mais, avant d'aborder la grande question de
l'éducation populaire, il faut commencer et ache-
ver celle, non moins importante, de l'éducation
individuelle.

De ceci naîtra cela.

L'éducation morale des individus peut seule
engendrer l'éducation sociale de la collectivité.

L'Opinion nationale.

Octobre 1892)

DISCOURS

PRONONCÉ LE 26 DÉCEMBRE 1892

A l'inauguration de

L'ÉCOLE LIBRE PROFESSIONNELLE DE PORT-AU-PRINCE

MESSIEURS LES SECRÉTAIRES D'ÉTAT,
MESDAMES, MESSIEURS,

Le sort — très ironique quelquefois — me confère l'insigne et redoutable honneur d'être le porte-parole de la jeunesse haïtienne en cette solennelle et imposante cérémonie. La génération nouvelle, à laquelle je suis fier d'appartenir, ne saurait, en effet, rester indifférente à la grandiose manifestation de ce jour. Elle vient rendre un légitime hommage à la noblesse des sentiments, au patriotisme éprouvé de ces jeunes hommes infatigables qui, avec le plus rare désintéressement et le plus mâle courage, ont conduit. avec un réel succès, une œuvre éminemment utile.

Mais il semble vraiment qu'après le magistral discours [1] qui vient d'être prononcé, il n'y a pas

---

[1] Discours de M. E. Mathon.

lieu de vous retenir longtemps encore. Ce serait, du reste, risquer trop gros jeu.

L'enseignement professionnel et technique, à l'organisation duquel ces Messieurs de l'École Libre ont travaillé avec une si énergique et si patriotique ténacité, est inconstablement d'une nécessité capitale au sein de notre jeune démocratie qui a eu à subir tant de bouleversements violents, qui a fait tant de faux pas dans ses nombreux et coûteux tâtonnements pour trouver la bonne voie.

Tous nos malheurs, tous nos grands malheurs proviennent peut-être du défaut complet d'une organisation sérieuse du travail au profit de ces inoffensives classes populaires si facilement exploitables et pouvant devenir de farouches instruments de désordre, lorsqu'au lieu d'avoir le maniement constant de l'outil de l'ouvrier elles ne présentent journellement que la sébile du mendiant.

De jeunes hommes d'élite ont compris qu'il y avait là un danger public imminent. Dès lors, ils ont entrepris une œuvre remarquable entre toutes: la fondation, en cette ville, d'une École Libre Professionnelle.

Noble et pénible mission !

C'était l'initiative privée en butte aux attaques jalouses et injustes, à toutes sortes de pronostics méchants.

Mais ils ont vaillamment lutté. Et, comme c'était a bonne lutte, ils ont vaincu.

Et, après dix longs mois de gigantesques labeurs,
ils consacrent aujourd'hui le fruit de leurs robustes
efforts. Ils inaugurent leur École d'Arts et Métiers.

C'est là un fait admirable, il faut bien en convenir.

La création de l'industrie nationale n'est pas seulement empreinte d'un cachet d'utilité pratique
évidente. Elle est encore d'utilité sociale.

Le travail bien organisé, l'emploi intelligent des
bras jusqu'alors inoccupés, une bonne direction
dans le développement des affaires industrielles et
agricoles, amenant, par voie de conséquence, l'augmentation de la richesse publique, la vigoureuse
impulsion à imprimer au grand problème de l'instruction et de l'éducation populaires, tels sont,
croyons-nous, les seuls ciments appréciables de
l'Ordre et de la Paix.

Les membres de l'Association de l'École Libre
Professionnelle, qui ont donné un exemple bien
vivant de ce que peut la fraternité des intelligences et des cœurs, sont donc, dans le grand atelier social, d'inestimables ouvriers de paix et de
progrès. Ils méritent, à ce seul titre, les éloges
de tous les honnêtes gens et ont droit à toutes les
gratitudes et à toutes les sympathies haïtiennes.

Notre adolescente société subit, depuis quelque
temps, une heureuse et consolante transformation.

Il semble qu'un tempérament nouveau se fait
jour dans l'âme nationale et que les générations

présentes, taillées sur un patron neuf meilleur, ont résolu, dans une étonnante communauté de vues, d'unir leurs efforts et leurs bonnes volontés, pour tirer le pays des rets de la routine et des errements.

Écoutant, comme les éloquentes prières d'une mère, les douloureuses supplications de la Patrie qui, au nom de ses peines, de ses souffrances, de ses larges blessures encore mal fermées, demande à ses enfants le sacrifice des vieilles rancunes, des ambitions, des mesquineries et des odieuses convoitises, nos chers compatriotes paraissent enfin vouloir en finir avec les vaines et stériles agitations pour envisager sérieusement l'avenir d'Haïti.

L'on nous permettra d'insinuer en passant qu'il y a pour les Pouvoirs de l'État un impérieux devoir. C'est d'alimenter, par des encouragements efficaces, un courant d'idées favorables, dans une croissante mesure, à l'établissement définitif et graduel des grands progrès de la civilisation moderne, d'aider puissamment à cette orientation nouvelle de l'esprit national.

Pour nous, les jeunes, que les éternels principes de justice et d'humanité ont toujours passionnés, et qui rêvons pour notre Pays toutes les améliorations désirables, nous applaudissons hautement à cet éclatant démenti donné par une poignée d'esprits supérieurs à ceux qui se plaisent à dire que nous piétinons sur place.

Nous avons, nous autres, une foi trop inébranlable dans les destinées lentes et laborieuses de notre chevaleresque nation pour douter de l'avenir.

Notre jeune République marchera.

Toutes les tendances, toutes les généreuses aspirations, toutes les intelligentes énergies de la jeunesse actuelle, dans une magnifique cohésion, convergent vers un noble but : la grandeur et la prospérité de la Patrie.

La jeunesse réalisera certainement cette chère espérance, cet idéal élevé, parce qu'elle tient à la suprême fierté, à l'orgueilleux prestige du nom haïtien, et qu'elle possède surtout la notion nette, précise, profonde, du rôle immense des ancêtres et des gloires immortelles du passé.

ASSOCIATION

DU

CENTENAIRE DE L'INDÉPENDANCE NATIONALE

Fête annuelle

(11 Février 1893)

RAPPORT DU SECRÉTATRE GÉNÉRAL

MESDAMES, MESSIEURS,

Grandiosement inaugurée le 17 janvier 1892, l'Association du Centenaire de l'Indépendance nationale qui, dès sa création, a eu la bonne fortune de grouper autour d'elle de précieuses sympathies, entre dignement dans sa deuxième année d'existence.

Le patriotique enthousiasme avec lequel la République entière avait accueilli notre œuvre, a été pour nous un puissant encouragement.

De toutes parts, en effet, il nous est venu des félicitations pour l'initiative prise, et ce nous est un fort heureux présage de succès que ces témoignages de haute estime et de vif attachement.

Nous espérons que, bientôt, notre Association sortira des longs et pénibles tâtonnements du début

Dès lors, nous nous empresserons de lui imprimer une direction plus pratique, c'est-à-dire que, loin de nous borner à l'évocation des souvenirs qui nous sont si chers, à l'exhumation de ces immortelles gloires — l'éternel et consolant réconfort de nos âmes aux jours sombres — nous reprendrons définitivement l'idée de l'organisation d'une souscription nationale pour l'érection des statues à élever aux Héros de notre Indépendance.

Le Comité spécial nommé à cet effet a déjà commencé ses travaux.

* *
*

Sept cents membres disséminés dans tous les départements du pays forment l'effectif de notre Association.

Ces vaillants soldats de la lutte meilleure ne se découragent pas, comme tant d'autres, par l'affligeant spectacle de quelques hontes individuelles, qui ne peuvent nullement rejaillir sur notre jeune et brillante Nationalité.

Ils mènent, au contraire, leur robuste campagne avec une foi vigilante dans les destinées de la Patrie, et, le cœur plein de virils espoirs, clament déjà la victoire certaine au milieu même de cet affaissement des caractères et de ces regrettables défaillances de volontés.

Nous pouvons dire, d'une façon générale, que

l'œuvre va bon train partout et que, particulièrement dans le département du Nord-Ouest, elle a
fait de notables progrès, grâce à l'énergie et à l'activité déployées par notre infatigable délégué,
M. Ignace Célestin, dont le zèle et le dévouement
sont au-dessus de tous éloges.

*
* *

Elle n'est pas bien riche, notre chère Association du Centenaire.

Son état d'*impécuniosité* est même assez intéressant pour que, faisant un tout petit bracon-
nage dans le domaine de notre aimable Trésorier,
nous prenions la peine de vous en dire un mot.

Comme le tableau que nous pourrions vous tracer sur ce chapitre — vous le pressentez déjà — ne
serait pas des plus riants, nous nous contenterons
de vous dire que nos bons sociétaires — et c'est là
le seul reproche sérieux que nous avons à leur
adresser — ne dénouent pas facilement les cor-
dons de leur bourse, lorsqu'il s'agit de verser à
la caisse le montant de leurs modiques cotisations
mensuelles.

Dame Pauvreté — dont le charme est d'un mys-
ticisme un peu trop vaporeux pour suppléer à l'absence du vil métal sans lequel pourtant, nous dit
le poète, tout est stérile — dame Pauvreté tient
beaucoup, paraît-il, à rester en ménage avec *le*

Centenaire qu'elle condamne à mille et une petites misères.

Elle paralyse toutes ses forces et affaiblit très sensiblement les puissants ressorts qu'il pourrait mettre en mouvement pour accomplir toutes les grandes choses que nous rêvons et qui forment la plus belle partie de notre programme.

Pour notre part, nous estimons ce lien assez funeste pour chercher à le rompre d'une manière irrévocable, et nous faisons appel à la générosité de tous pour nous aider à prononcer le plus nécessaire et le plus indispensable des divorces.

**

Cruellement éprouvée — il y a huit mois — par la mort du sympathique et regretté Emmanuel Léon, l'un de ses membres les plus remarquables et les plus intelligents, l'Association du Centenaire vient de perdre dans la personne de Chéry Hyppolite, l'un de ses plus fidèles et de ses plus fermes soutiens. Ce sont là deux coups bien terribles que la grande Broyeuse a soudainement portés à notre jeune Association, qui comptait tant sur ces courageux ouvriers de la première heure.

**

Nous ne manquerons pas, Mesdames, Messieurs,

de signaler à votre attention la vigoureuse et intelligente poussée donnée à la littérature nationale
par les récentes et honorables publications de
quelques-uns des nôtres.

La Fleur d'Or, poème patriotique de notre collègue Henri Chauvet, dont le public lettré connaît
déjà le talent riche et fécond, a ouvert l'intéressant
tournoi.

C'est un très expressif tableau des atrocités de
l'esclavage dans toute son horrible splendeur. Le
sujet est d'une heureuse originalité, et il s'y dégage
à la lecture — très attachante d'ailleurs — de
vives et fortes impressions.

Cette exubérante floraison poétique a encore
produit *les Areytos*, recueil de vibrantes poésies
indiennes du jeune Samba qui a nom Arsène
Chevry.

En des vers harmoniquement œuvrés, d'un rythme
pur et gracieux, d'une élégance soutenue, M. Arsène
Chevry, le tendre virtuose, le peintre délicat que
l'on connaît, retrace les épisodes dramatiques de la
lutte terrible des paisibles Aborigènes contre les
premiers envahisseurs Espagnols, et lance à la face
de l'Étranger ennemi l'expression indignée de sa
sainte et ardente invective — de son auguste haine.

Un poudroiement ingénieux de vocables indiens
émaille ces fiers *Areytos*, et il semble flotter dans
tout le volume comme un savoureux et capiteux
parfum de terroir.

L'art et l'idée. telle semble être la suggestive devise d'Arsène Chevry qui, sans violence de tons et de couleurs, revêt néanmoins son vers souple et facile de teintes exquises et l'empreint d'un délicieux cachet de modernité.

Massillon Coicou. le dernier en date de cet admirable trio, vient d'élargir, avec un rare bonheur. le cycle d'or des gigantesques actions des aïeux.

Ses *Poésies Nationales* sont ciselées avec une maëstria qui rappelle le vers sculptural et sonore de Tertullien Guilbaud. Les strophes d'airain qu'exhale la brûlante lyre du poète. cette touche ferme et délicate avec laquelle il exprime ses joies, ses peines, ses *hantises*, ses espérances et ses souvenirs — ces notes embrasées qui semblent jaillir d'un clairon éperdu — tout cela est d'une émotion pénétrante et souffle bien dans les cœurs haïtiens l'âme de la Patrie.

Nous nous permettons de recommander ces trois ouvrages d'une lecture si saine et si vivifiante. On chuchote déjà le succès prochain d'un volume de poésies de notre intelligent collègue J. Lhérisson qui, au commencement de l'année dernière, a fait paraître une jolie petite plaquette intitulée *Myrtha,* simple et bonne histoire d'amour, d'une psychologie à la fois naïve et touchante.

Notre collègue Henri Chauvet ne s'est pas borné à la publication de la première série de ses *Quisqueyennes*. Sa spirituelle comédie-bouffe *Toréador par Amour* a bravé en deux fois les feux de la rampe. Elle a obtenu à nos deux fêtes trimestrielles un immense succès de fou rire, grâce à l'interprétation pleine d'entrain de nos aimables artistes, qui chaussent le brodequin de Thalie avec un brio vraiment intéressant.

Vous devez en avoir assez, Mesdames et Messieurs, de notre prose fatalement sèche. Aussi bien, nous ne vous retiendrons pas longtemps encore.

L'Association du Centenaire de l'Indépendance nationale fait un appel général à toutes les bonnes volontés, à toutes les patriotiques énergies et demande le concours de tous pour lui faciliter sa noble tâche.

Elle s'empresse de rendre, par notre faible organe, un légitime et public hommage de son admiration et de sa vive gratitude à Frédérick Douglass, notre grand congénère américain, qui, au sein même d'une société où semble encore fermenter le vieux levain du plus inique préjugé qui ait jamais souillé le genre humain, nous prête si largement la forte autorité de sa mâle et puissante parole.

Ayons confiance dans l'avenir !

1904 rayonne déjà dans le lointain.

Pensons-y donc sérieusement et songeons, Mesdames, Messieurs, quelle gloire immense ce serait pour notre chevaleresque Nation de commémorer dignement le centième anniversaire de l'œuvre colossale de l'Indépendance haïtienne qui restera, ainsi que le pense fort judicieusement l'honorable Frédérick Douglass, « l'un des événements les plus remarquables, les plus merveilleux de l'histoire de ce siècle, et peut-être même de l'histoire de l'humanité ».

A PROPOS DE LA QUESTION

DE LA

PRESQU'ILE DE SAMANA

LETTRE OUVERTE

A M. ED. LESPINASSE

Ministre des Relations Extérieures

MONSIEUR LE MINISTRE,

L'accueil généralement sympathique qui vous a été fait lors de votre avènement au Ministère, les chaudes et sincères félicitations que vous avez reçues d'un peu partout, l'hommage enthousiaste qui a été, une nouvelle fois, rendu à vos talents divers, à votre compétence incontestée, prouvent — à votre plus grande gloire — la confiance que vous inspirez.

Vous représentez, dans le Gouvernement, cette jeunesse intelligente que passionnent toutes les grandes idées d'ordre, de saine justice et de liberté — cette forte génération qui naît aujourd'hui à la vie politique pratique.

Vous êtes lié par les principes que vous avez

toujours préconisés d'une façon si éloquente et si persuasive.

Noblesse oblige !

Or, des bruits étranges circulent depuis quelques jours.

A en croire les informations alarmantes arrivées de Santo-Domingo ou des États-Unis, les *Yankees* auraient déjà pris possession de la presqu'île de Samana.

Le Gouvernement de Washington, sous le manteau d'une Compagnie américaine. aurait obtenu, du Gouvernement dominicain, la cession temporaire (?) d'une portion du territoire de l'île d'Haïti.

Le bail emphytéotique, tant désiré pour le môle Saint-Nicolas, est, dit-on, bel et bien signé par Ulysse Heureaux pour la presqu'île de Samana.

Si cet acte odieux, épouvantable, avait été réellement perpétré, ce n'est seulement pas l'honneur, l'indépendance de leur pays que tous ces chevaliers du maquignonnage et du pot-de-vin qui dirigent actuellement les destinées de la Dominicanie auraient engagée, ce serait encore l'avenir et l'autonomie de notre chère Patrie haïtienne.

Le résultat le plus clair de cette prétendue cession temporaire serait probablement l'annexion lente, mais certaine, des deux pays qui se partagent le Gouvernement de notre île.

Ce mot *cession temporaire* est plein de graves sous-entendus.

C'est un euphémisme infernal.

Il y a plus, ose-t-on affirmer depuis la semaine dernière.

Froidement, avec une écœurante insouciance des responsabilités — pour un peu d'or, ces spéculateurs galonnés qui gouvernent à Santo-Domingo, gens d'une vénalité révoltante, auraient, paraît-il, opéré la vente de tout un peuple.

Nous pensons que, dans d'aussi tristes conjectures, la République d'Haïti doit garder une attitude fière, correcte, digne de l'importance exceptionnelle de la question.

La République d'Haïti a pour devoir d'intervenir dans cette affaire dominicaine qui devient aussi — par voie de conséquence — une affaire haïtienne.

Son intervention, basée sur le droit, doit être énergique, afin d'être effective.

Le danger est imminent.

Il faut y parer vite, sans crainte et sans timidité, avec toute la force d'un droit puissant.

Vous êtes ministre des Relations extérieures.

C'est donc à vous particulièrement que revient la tâche très délicate de conduire cette affaire, de soutenir nos justes réclamations avec cette logique solide et pénétrante, cette hauteur de vues qui est le propre de votre esprit supérieur.

Nous n'oublions pas, Monsieur le Ministre, votre brillant passage à l'École Nationale de Droit.

Vos bonnes et salutaires leçons, la juvénile chaleur de votre parole forte et vivante, cette étonnante facilité d'élocution, ce charme incomparable dont vos cours étaient imprégnés et qui vous attirait un auditoire toujours nombreux, cette note sincèrement patriotique qui n'y manquait jamais, nous ne pouvons oublier tout cela.

Et, puisque nous sommes en train de battre le rappel des souvenirs, vous voudrez bien nous permettre, Monsieur le Ministre, de vous rappeler — le moment est plus qu'opportun — un point intéressant d'un de vos savants cours d'économie politique.

En homme avisé et prévoyant, vous nous disiez, certain soir — c'était peut-être une très utile digression au cours que vous faisiez — que, pour un pays aussi privé de ressources que la Dominicanie, il supportait de trop lourdes charges, conséquences funestes des aventures financières dans lesquelles ses gouvernants l'ont imprudemment jeté; — qu'en Haïti les mœurs, les tendances du peuple s'opposaient formellement à toute tentative d'annexion, qu'il n'y avait rien à craindre de ce côté, et que tous les regards devaient se tourner vers la Dominicanie, *parce que c'est là que gisait le véritable danger pour notre indépendance et notre autonomie.*

Nous avons eu soin de bien noter ce passage de votre cours, car nous acceptions parfaitement votre juste opinion, — résultante d'une exacte observation des événements qui se déroulaient alors.

Ce qui arrive aujourd'hui ne doit point vous causer de bien grandes surprises.

Vous êtes prêt, pensons-nous, pour les négociations à entreprendre, puisque, de longtemps, cette question a été l'objet de vos fécondes méditations.

Et, s'il est vrai que les longues réflexions sont les cautions des bons succès, nous avons tout lieu de croire que vous saurez bien faire reconnaître nos droits en cette grave occurrence.

Nous vous le souhaitons néanmoins de bon cœur.

La jeunesse vous regarde, Monsieur le Ministre; l'opinion publique fait le guet, et la République attend.

(*L'Opinion nationale*,

Mars 1893.)

INJUSTICE DU SORT

Pour Mme Ve Belmour Lépine.

La voilà donc entièrement ruinée et brusquement jetée sur le pavé de Port-au-Prince par le déplorable sinistre du 5 juin courant, cette institutrice éminente, cette vaillante femme, dont les nobles qualités et les hautes vertus, s'alliant à une profonde science pédagogique et à une longue expérience professionnelle, en font une de nos compatriotes les plus remarquables.

Après avoir, en effet, consacré trente-sept années de sa laborieuse existence à l'enseignement de la jeunesse haïtienne, après avoir façonné avec un tact et un patriotisme admirables, l'éducation d'une notable partie des trois ou quatre dernières générations du pays, — certes, ce doit être bien dur et bien pénible pour Mme Belmour Lépine de se voir tout à coup frappée par un malheur aussi imprévu et d'être obligée de reprendre le lourd collier de misère.

Aussi bien, l'incendie de lundi dernier, dont

elle est l'intéressante victime, et les circonstances exceptionnelles qui l'ont accompagné ont causé sur toute la population une impression des plus navrantes. Et, s'il est quelque chose qui puisse atténuer la légitime douleur de Mme Belmour Lépine, c'est bien cette unanime explosion de franches sympathies, ces émotions spontanées et généreuses dont tout le monde a été saisi.

Au moment où elle espérait enfin pouvoir se reposer de ses veilles, de ses fatigues, de son labeur incessant, le sort injuste, brutal, est venu troubler de nouveau ses vieux jours si précieux pour cette jeunesse au milieu de laquelle elle a toujours vécu comme la plus tendre des mères.

Mme Belmour Lépine — au mérite incontesté de laquelle nous sommes heureux de rendre ici un hommage enthousiaste — est une noble martyre du devoir.

Combien cruelle est la destinée qui s'acharne après elle !

C'est pour la cinquième fois qu'elle éprouve les transes et les angoisses terribles d'un incendie.

Elle a constamment lutté contre la mauvaise fortune, et seule — toute seule à la dure tâche — elle recommençait, toujours avec la même patience, son ingrate besogne d'institutrice.

A cœur vaillant rien d'impossible !

Mais, aujourd'hui, d'aucuns croiraient — en raison de l'âge avancé de Mme Belmour Lépine —

qu'elle a définitivement reçu le coup de grâce et que son établissement — hier encore dans toute sa splendeur — ne pourra plus jamais fonctionner.

C'est une erreur de penser ainsi.

Nous sommes, au contraire, en mesure d'affirmer — d'après les renseignements qui nous sont parvenus — que l'ouverture de l'école aura lieu dans quelques jours.

Déjà le personnel — dont le zèle et le dévouement sont au-dessus de tous éloges — est en quête d'une installation nouvelle, et l'on peut avancer, sans craindre de se tromper, qu'avec cette courageuse bonne volonté et ce constant souci de son maintien, l'établissement ne tardera pas à refleurir comme aux plus beaux jours d'antan.

Nous nous faisons un devoir de recommander d'une façon toute particulière la souscription ouverte par *la Revue-Express* et les autres journaux de cette ville pour l'achat du matériel scolaire.

Que chacun y apporte son obole !

Tous auront ainsi prouvé, par leurs témoignages de bienveillance et d'affection et par un concours effectif et puissant qu'ils savent encore apprécier les grandes âmes qui restent dans le droit chemin, vaille que vaille.

Et Mᵐᵉ Lépine — qui restera certainement aux yeux de tous comme l'incarnation de l'honneur et de la vertu — continuera à se dévouer avec la même passion et la même ardeur au bien de la jeunesse, entourée qu'elle est du respect et de la considération universels.

Mme Belmour Lépine a rendu à son pays des services éclatants dont elle peut être fière à bon droit.

L'opinion publique — fortement émue de la malheureuse situation qui vient de lui être faite — demande à grands cris que les Pouvoirs de l'État viennent à son secours et contribuent par des moyens efficaces au relèvement immédiat d'un établissement qui a toujours été si fécond en brillants résultats.

Ce n'est point là un élan de banale générosité.

Et, dans ce pays où l'on prodigue des largesses à tout propos et souvent même hors de propos, c'est bien le moins que l'on songe à apporter de sérieux encouragements à cette femme de cœur si bonne et si sympathique, qui a constamment travaillé avec le plus complet désintéressement.

La Chambre des Députés et le Sénat de la République ne manqueront pas — nous en avons le ferme espoir — d'accomplir cet acte de saine justice et de haute humanité.

(*La Revue-Express*, édition hebdomadaire,

10 juin 1893.)

CORRESPONDANCE DU JOURNAL « LA FRATERNITÉ »

ORGANE DES INTÉRÊTS D'HAÏTI A PARIS

LETTRE DE PORT-AU-PRINCE

Port-au-Prince, 1ᵉʳ avril 1893.

MON CHER DIRECTEUR,

Je commence aujourd'hui la série des chroniques haïtiennes à bâtons rompus que vous m'avez fait l'honneur de me demander pour *la Fraternité*.

N'ayant pas encore gagné définitivement mes éperons de publiciste, j'avoue que j'éprouve quelques scrupules à collaborer avec des hommes qui ont su déjà se faire une place distinguée dans la carrière de plus en plus encombrée du journalisme.

Mais, puisque j'ai eu la témérité de promettre, je suis dans l'obligation de remplir mes engagements.

Je vais donc essayer d'égrener, pour vos difficiles lecteurs, avec détails, les événements port-au-princiens qui offrent quelque intérêt.

*
* *

La grande affaire qui passionne, en ce moment-ci, l'opinion publique en Haïti est la question dominicano-américaine, que l'on reconnaît généralement comme présentant une gravité exceptionnelle. A ce propos, les journaux haïtiens qui, dès le mois d'octobre de l'année dernière, avaient victorieusement fait justice des plates et grotesques incongruités d'un vrai pandour dominicain du nom de ABREU LICAIRAC, ont recommencé leur vigoureuse et patriotique campagne.

Il y a, à Santo-Domingo, toute une cohue d'Haïtianophobes, à la solde des Yankees. Mais aujourd'hui, le point de mire de tous est le Président Ulysse Heureaux, qui a acquis en ces derniers temps une si triste célébrité. Les bruits alarmants qui n'ont cessé de circuler sur les graves difficultés dans lesquelles se débat cette pauvre République dominicaine, ont fini par dessiller les yeux même des plus incrédules.

Le brassage de la cession de la baie de Samana doit faire rentrer probablement dans les caisses du néfaste manchot dominicain d'énormes et fabuleux pots-de-vin.

Mais la République d'Haïti est là qui surveille les menées abominables du despote de l'Est, et son attitude fière et correcte semble heureusement dérouter beaucoup d'infernales combinaisons.

Aussi, Ulysse Heureaux nous en garde-t-il une bien grosse dent. Mais, molaire, incisive ou canine, ses crocs ne nous effrayent point.

*
* *

L'Association du Centenaire de l'Indépendance Nationale invitait dernièrement le public à sa séance solennelle annuelle, qui a eu lieu en son hôtel, 37, rue Lamarre (*Bagatelle-Villa*).

Brièvement, je résume la partie artistique, qui a obtenu grand succès.

Poésies, Monologues, Causerie et *Conférence*, tout a parfaitement réussi.

Le programme comportait, en outre, deux comédies : *le Trésor*, de François Coppée et *les Jurons de Cadillac*, de Pierre Berton.

Ces deux pièces ont été admirablement jouées, et les braves acteurs, si pleins de verve et d'entrain, ont récolté une large moisson d'applaudissements.

A signaler, les explosions de fou rire soulevées par le brio endiablé de Frédérique dans le rôle du marquis de Cadillac. La jeune sœur de notre ami, Mlle Frédérique, une débutante d'un bel avenir, a recueilli aussi de belles gerbes de bravos.

La charmante Mme Belmur Benjamin a été délicieuse, exquise, dans *Robert le Diable*, qu'elle a
chanté avec tout son cœur, toute son âme.

C'est une artiste d'un réel talent.

*
* *

Le 11 février dernier, M. et Mme Hérard Roy ont
reçu dans leur coquet salon de la rue des Césars.

Soirée *very select*. Réunion du plus pur *high life*
port-au-princien, — le dessus du panier, comme
on dit.

Parmi les invités, nous citerons, du côté des
hommes :

MM. Pétion Roy, Jacques Léger, Georges Sylvain, Camille Saint-Rémy, Anselme-Étienne Mathon, Guérin, Étienne fils, Pierre Pierre, Edmond
Polynice, Thrasybule Doutre, Georges Besson, Jourdan, Georges Audain et force jolis garçons, stylés
comme des rois de la gomme, qui picoraient gentiment dans un fouillis de fleurs vivantes.

Côté du beau sexe :

Mlles Jourdan, Gaetjens, Bourjolly, Riobé, Ma-
gloire, Paret, Mathieu, Régnier, Guérin, Guignard,
Bazelais, Élisée, Laforest, Sylvain, Doret, Mendès,
Crepsac, Mme Mathon — et beaucoup d'autres qui
sont trop gentilles pour m'en vouloir d'avoir oublié
leurs noms — toutes luttant de grâce, de chic,

de jeunesse et de beauté dans le chatoiement suggestif des toilettes et des parures.

On a constaté un entrain, une *maëstria* sans
pareils aux ébats chorégraphiques.

Tout le monde est parti enchanté de cette récep-
tion, dont les honneurs ont été faits avec une rare
distinction par M. et Mme Hérard Roy et leur fille,
Mlle Lucia Roy, dont on admire généralement l'exquise amabilité et les grâces charmeresses.

Pendant cette délicieuse nuit, Mlle Marguerite
Guignard a tenu un instant la brillante assistance
sous le charme de sa belle voix, et Georges Sylvain, le fin diseur que tout Port-au-Prince connaît,
a fait épanouir toutes les rates avec un désopilant
monologue *le Potache*.

Soirée très réussie, où — sans métaphore — le
champagne a coulé à flots.

*
* *

Calme plat dans la politique intérieure depuis
que S. Exc. le Président de la République a entrepris sa tournée dans le département du Nord.

(*La Fraternité.*)

LETTRE DE PORT-AU-PRINCE

Mon cher Directeur,

Toujours pas grand'chose à vous signaler dans la politique intérieure. Le calme persiste. — *un calme qui tue*, comme dirait l'excellent Valbrune dans *Un Mari dans du coton*.

Nous sommes au commencement de mai, et la nouvelle Chambre ne travaille pas encore. Nos braves députés chôment; l'Exécutif est en vacances, puisqu'il voyage.

Les cancans vont leur train sur la tournure qu'ont prise les affaires dominicaines, grâce à la roublardise consommée du Président Heureaux.

.·.

On s'est beaucoup occupé, pendant la quinzaine écoulée, des dépêches échangées entre M. le Ministre des Finances et le Directeur de la Banque. Cette correspondance, insérée dans le *Journal Officiel*, a tout l'air d'une vraie polémique, très

vive, très piquante, où les ripostes vigoureuses de
M. Hartmann dépassent de beaucoup — à notre
avis — les attaques froides, plates et timides de
M. Marcelin.

Nous attendions beaucoup plus de notre Ministre
des Finances. Nous croyions, de bonne foi, voir en
lui un démolisseur enragé de toutes ces *petites
Bastilles financières* — le mot est de M. Marcelin — qui mettent les bâtons dans les roues de
l'Administration, et surtout de cette fameuse
banque franco-prusso-autrichienne — où, sauf
notre argent, il n'entre absolument rien d'haïtien,
— bien que l'on se plaise à la bombarder ridicule-
ment du titre de *Banque Nationale d'Haïti*.

Eh bien ! nous devons à la vérité de dire que,
dans cette passe d'armes qui nous a été révélée par
la publication des dépêches des deux *adversaires*,
dans cet assaut rendu public pour être *agréable*
au Directeur de la Banque — selon la délicieuse
expression du *Moniteur* — le battu, le vaincu, le
foudroyé même, c'est le Ministre des Finances.

Jugez-en plutôt.

Le Ministre des Finances croit devoir adresser
une dépêche au Directeur de la Banque, pour lui
demander s'il n'est pas possible d'obtenir une
réduction sur les commissions statutaires de cet
établissement, motivant sa demande sur ce que
lesdites commissions, au lieu de s'appliquer comme
au début, c'est-à-dire lors de la signature du con-

trat, sur un budget de 4,000,000 G. s'étendent aujourd'hui sur plus de 8,500,000 G.

Comme vous le savez, mon cher Directeur, cette Banque, dite *Nationale d'Haïti*, prélève 1 0/0 pour les recettes et 1/2 0/0 pour les paiements, — ce qui est, en effet, énorme.

Notre Ministre des Finances a mieux aimé, en cette circonstance, s'adresser spécialement à M. Hartmann, pour lui offrir l'occasion d'affirmer les *sentiments de profond attachement pour le Pays et de sympathie pour le Gouvernement*, que ledit M. Hartmann lui a si souvent exprimés.

— C'était, évidemment, une regrettable naïveté.

Aussi, vous allez voir de quelle façon M. Hartmann va affirmer ses sentiments ci-dessus mentionnés — qui ne sont, en somme, que du persiflage et que, seul peut-être, M. Marcelin a pris pour parole d'Evangile :

« Ce sont les emprunts extra-conventionnels, *dit la dépêche du Directeur de la Banque*, qui ont naturellement occasionné les commissions extra-ordinaires, et, à cette occasion, veuillez nous permettre de vous faire remarquer encore que nous sommes convaincus que, si ces commissions, après avoir été débattues par le Gouvernement, ont été acceptées par lui, ce n'est que parce que le Conseil des Secrétaires d'État avait reconnu l'impossibilité de trouver ailleurs ces avances de fonds à meilleur compte et aux mêmes conditions.

« Notre Directeur est très honoré des raisons qui vous ont décidé à vous adresser tout spécialement à lui en cette circonstance ; mais, malgré toutes les sympathies qu'il a pour le Gouvernement, il ne peut pas partager votre opinion que la commission due à la Banque, suivant le contrat, est inusitée.

. . . .

« Pour ce qui a trait aux commissions dues pour les avances de fonds extra-statutaires, et extra-conventionnelles, la sympathie que notre Directeur professe pour le Gouvernement, et à laquelle vous faites si justement allusion, le porte à vous dire que *le vrai moyen de les éviter se trouve entre vos propres mains et qu'il consiste à subordonner les dépenses du Gouvernement aux recettes effectives de l'État.* »

Voilà ce qui s'appelle faire une leçon...

Et dire que M. Marcelin ne s'en est pas trop ému !

Là n'est pas la question !... répond-il mollement, à presque chaque paragraphe de la dépêche dont nous venons de parler.

Notre Ministre ne se décourage pas cependant. Il va s'adresser directement au Conseil d'administration qui, espère-t-il, pénétré du but qu'il poursuit (équilibre du budget), fera un accueil favorable à sa demande...

Histoire de donner une occupation quelconque à M. Yung, notre inappréciable agent financier à Paris.

* *

Mais là n'est pas encore le comble de cette plaisanterie macabre, sur laquelle je me permets
d'attirer votre attention.

Le Ministre des Finances informe le Directeur
de la Banque que MM. Alfred William et Mac-
Guffie, de Port-de-Paix, et MM. Roberts Dutton
et C°, des Cayes, sont débiteurs de l'État pour
droits d'exportation, et que ces créances ne re-
montent pas à moins de *deux exercices.*

Ces Messieurs sont directeurs des succursales de
la Banque dans leurs localités respectives.

La chose paraît bizarre, en effet, lorsqu'on songe
que les droits d'exportation se payent d'avance et
que l'embarquement des denrées ne peut être per-
mis que sur le *vu* des récipissés constatant qu'ils
ont été réellement acquittés.

C'est donc, naturellement, en leur qualité
d'Agents de la Banque, dit le Ministre, que ces
Messieurs ont pu être débiteurs de l'État.

Ils se sont délivré des récépissés pour des sommes
dont l'État n'a pas été crédité.

Et là-dessus, longues considérations de M. Marcelin sur le grand inconvénient qu'il y a à confier
la direction des Agences de la Banque à des commerçants qui, généralement, abusent, comme dans
le cas présent, de la situation qu'ils occupent.

Ces observations paraissent fort justes.

Mais entendons la seconde cloche.

La Banque ne nie pas que les commerçants cités plus haut sont réellement débiteurs de l'État pour droits d'exportation :

« Si MM. A. William et Mac-Guffie, dit-elle à M. Marcelin, sont débiteurs de l'État, nous vous le demandons en toute conscience, ne croyez-vous pas qu'il puisse y avoir d'autres causes que celles que vous nous avez signalées ? »

Et, dans un paragraphe précédent, qui est le coup de grâce :

« Vouloir nous dire que ces Agents se sont délivré des récépissés pour des sommes dont le Gouvernement n'a pas été crédité nous donne le droit de vous demander de nous en fournir la preuve, et, jusqu'à ce que cette preuve soit faite, nous contestons *absolument* que le fait que vous avancez ait eu lieu. »

La preuve demandée n'ayant pas été fournie, aucune réponse n'ayant été faite à cette lettre de M. Hartmann, dont tout le monde cependant reconnaît la désinvolture — pour ne dire que cela — je vous laisse, mon cher Directeur, le soin de conclure.

L'on ne s'étonnera donc point, après cela, que M. Hartmann ait pu se permettre d'inviter ses employés haïtiens (eux *seulement*) à venir, le jeudi saint, assister au lavage — ô honte ! — du local de la Banque, lorsqu'il le prend de si haut avec un propre membre du Gouvernement.

— Il faut rendre cette justice aux prédécesseurs du Ministre actuel, que jamais ils ne se sont laissé traiter aussi cavalièrement.

Nous le regrettons beaucoup pour M. Marcelin...

Le malheureux ! n'a-t-il donc tant *écrit* que pour ce... *résultat ?*

Nous ne pensons pas qu'il vive longtemps encore... au Ministère, bien entendu. Déjà même le bruit court qu'il va être obligé de déposer sa démission. Il tombera sûrement, car les journaux sérieux de la République sont en train de lui passer de terribles crocs-en-jambe.

C'est bien le cas de dire — comme M. Camille Dreyfus le disait pour la France, en 1882 — que la démocratie haïtienne n'a pas encore trouvé le Ministre qui lui fera des finances dignes d'elle.

*
* *

Le Petit-Théâtre de Port-au-Prince, qui avait relâché pendant presque tout le carême, a rouvert ses portes avec éclat dès le dimanche de Pâques pour — malheureusement — les refermer aussitôt.

Le 9 avril, en effet, une grande et brillante affluence assistait à la représentation d'adieu de la gente Lucienne de Solange, actuellement à Paris.

Notre charmante diva a eu, ce soir-là, un succès

fou. Ses spirituelles et croustillantes chansonnettes surtout ont été couvertes d'une véritable tempête de bravos.

Jamais elle n'a chanté avec tant de grâce et tant de verve.

Mais le clou de la représentation a été la vivante interprétation de *La Consigne est de ronfler*, une désopilante comédie d'intrigue qui a failli démantibuler nombre de fragiles mâchoires de nos belles mondaines.

Valbrune s'est surpassé. Denis s'est fort bien distingué. Quant à l'étoile du Petit-Théâtre, elle a été tout simplement exquise, et c'est avec un universel regret que le public de Port-au-Prince la voit filer pour d'autres cieux.

*
* *

M. Jacques-Nicolas Léger, ancien Chargé d'affaires d'Haïti à Paris, a été élu président de la Société de Législation en remplacement de M. Stephen Preston, décédé.

C'est, de l'avis de tous, un excellent choix.

*
* *

Au moment de mettre sous enveloppe, je lis dans le *Journal officiel* qu'une entrevue a eu lieu dans la baie de Mancenille entre M. Ulysse Heu-

reaux, président de la République Dominicaine, et
S. Exc. le général Hyppolite, président de la République d'Haïti.

« Le 18 du courant, au matin, dit le *Moniteur*,
le Président de la République, accompagné des
Secrétaires d'État présents au Cap, est parti de cette
ville, monté sur *le Dessalines*, pour aller au rendez-
vous. *La Défense*, qui portait la maison militaire
du Président, escortait le navire présidentiel.

« S. Exc. le Président Heureaux, de son côté,
s'est rendu à la baie de Mancenille, monté sur le
navire de guerre dominicain *El Presidente*.

« Les différentes entrevues des deux chefs d'État
et de leurs Ministres ont été des plus cordiales, et
l'on peut affirmer que la journée du 18 avril, qui
comptera désormais parmi nos journées historiques, contribuera puissamment à la paix et au
progrès des deux peuples, et resserrera de plus en
plus les liens d'amitié qui les unissent. »

— Dont acte.

(La Fraternité.)

LETTRE DE PORT-AU-PRINCE

Port-au-Prince, 30 mai 1893.

MON CHER DIRECTEUR,

C'en est donc fait !

Me voilà, décidément, bel et bien dans la carrière « journalisante ». Je suis on ne peut plus heureux d'y entrer sous votre glorieux patronage.

Le journalisme est pour l'esprit comme ces bains
dans les eaux vives dont on sort plus alerte et plus
agile, a dit je ne sais plus quel écrivain. Rien de
plus vrai. Pour ma part, je commence à en faire
la douce et consolante expérience.

Déjà, j'ai brûlé — avec quelque succès peut-être
— mes premières cartouches de publiciste. Et,
comme le jeune conscrit qui, après avoir éprouvé
les naturelles émotions du premier feu, met gaiement le képi sur l'oreille pour voler à la bataille
avec une ardeur nouvelle, ainsi je vais aujourd'hui
courageusement à l'assaut du public dont je vou-

drais — s'il était possible — faire la conquête définitive. Au reste, je n'ai pas peur. Et quelle que
soit l'issue de la lutte que j'engage, il me suffira
de dire que j'ai collaboré à *la Fraternité*, pour
que cela seulement, je crois, me soit une solide
recommandation.

Sous le bénéfice de cette petite déclaration,
j'entre, sans plus tarder, dans l'Au-jour-le-jour des
derniers événements port-au-princiens.

*
* *

Nous avons eu d'abord la fête du 1er Mai.

L'on s'accorde généralement à dire — et non
sans de fort bonnes raisons — que cette fête de
l'Agriculture n'a plus toute sa raison d'être.

Pour assurer, en effet, d'une façon sérieuse, le
développement de la principale source de richesse
nationale, il faudrait des encouragements plus puissants, plus efficaces qu'une simple distribution
annuelle de houes et de manchettes à une foule de
cultivateurs — pas toujours les plus méritants —
offrant dans le cortège comme un panorama ba-
riolé flanqué de toutes parts de branches de calier
et de longues cannes à sucre — avec revue de la
garnison, salves d'artillerie, musique, carillon, *Te
Deum*, — le tout agrémenté de quelques discours
officiels, où l'on rabâche les mêmes vieilles ren-
gaines.

Aussi les résultats obtenus sont-ils à peu près nuls.

Haïti est un pays essentiellement agricole, répète-t-on à satiété. Le fait est incontestable. Loin de moi donc la pensée qu'une solennité publique, spécialement consacrée à l'agriculture, soit une chose inutile. C'est, au contraire, un bon moyen d'émulation. Mais il faut avouer que celui qu'on emploie chez nous ne stimule en rien nos frères des champs. La solennité du 1er Mai les laisse même parfaitement froids et indifférents.

Ne pourrait-on pas organiser, à des époques déterminées — tous les trois ans, par exemple — dans les principales villes de la République, des Expositions agricoles où, sur la recommandation de Jurys compétents, le Ministère de l'Agriculture accorderait, non pas des houes et des manchettes, mais de bonnes et solides récompenses aux cultivateurs les plus méritants?

Il nous semble que ce serait là donner une impulsion très énergique au progrès définitif de l'Agriculture dans le pays.

Notre Gouvernement porte déjà sérieusement des vues sur cette branche principale de la richesse publique. Il y a lieu d'espérer que les capitaux ne tarderont pas à s'introduire dans nos fertiles plaines. Le Gouvernement inspire assez de confiance pour cela. Et, alors, la grande production augmentera considérablement, le fisc en tirera d'immenses profits, l'aisance s'installera dans les foyers, et l'œuvre grandiose de la civilisation générale ne sera que plus facile.

Que nos hommes d'État y pensent donc sérieusement et agissent.

Nous ne pouvons rester éternellement dans la routine :

La routine au Progrès veut disputer l'empire.
Le Progrès toujours marche et la routine expire.

*
* *

Dimanche, 14 mai courant, a eu lieu, au Petit-Théâtre de Port-au-Prince, la célébration du premier anniversaire de la Société de Législation.

Les divers orateurs qui se sont fait entendre ce jour-là ont donné à un auditoire d'élite toute la mesure de la finesse de leur esprit.

M. Jacques-Nicolas Léger, président de la Société, a ouvert la série des discours par un magistral éloge de son prédécesseur, l'honorable M. Stéphen Preston, décédé.

Le secrétaire général, M. Georges Sylvain, fit ensuite son rapport annuel — un petit chef-d'œuvre du genre — très vivement applaudi, du côté des dames surtout.

La partie la plus alléchante du programme était la conférence de M. Amédée Brun, nouvellement admis comme membre de la Société. Le récipien-

daire avait fait choix d'un sujet très intéressant :
De la Condition juridique des femmes en Haïti.
Cette conférence a eu un gros succès. Aussi bien,
M. Brun a-t-il reçu de nombreuses et sincères
félicitations.

Le jeune conférencier possède à un très haut
degré ce qu'on appelle le « physique de l'emploi ».
Il est très amoureux de la forme, habille son style
neuf des plus chatoyants atours, et est doué d'une
harmonieuse voix au timbre chaud et sympathique. Toutes ces qualités artistiques contribuent
à en faire un de nos plus brillants causeurs.

M. Brun nous a, entre autres choses, dit quelques
mots du grand mouvement féministe contempo-
rain. Il ne voit pas d'un bon œil ces folles revendications des femmes modernes, dont quelques-
unes voudraient même s'habiller en hommes,
comme ces excentriques amazones du vélocipède.
L'homme seul, par son énergie, sa force, son esprit
de décision, peut avoir la direction des affaires publiques. Sans contester l'égalité d'intelligence chez
les deux sexes, nous pensons, en effet, que l'intru-
sion des femmes dans le Gouvernement serait un
puissant dissolvant social et déséquilibrerait certainement la marche des sociétés. La place de la
femme est au foyer. Les qualités et les vertus
domestiques font toute sa valeur.

Mais les partisans des revendications féminines
opposent à ce que nous venons de dire un argu-

ment qui paraît sérieux. Ils prétendent que c'est
par patriotisme que les femmes veulent s'occuper
des affaires gouvernementales et qu'elles entendent
aussi contribuer pour leur part au progrès de leur
pays, à l'amélioration du sort des peuples. A cela
nous répondrons que les femmes vertueuses, qui
font le charme de la vie de famille, la poésie vivante du foyer domestique, qui prennent soin de
l'éducation de leurs enfants, qui leur inculquent
les principes de droiture, de civisme et de probité,
contribuent — elles surtout — pour une très large
part au bonheur de leur pays. Et nous croyons
qu'en accomplissant une mission sociale aussi
élevée elles font preuve du plus noble patriotisme.
Et, d'ailleurs, n'y a-t-il pas déjà une bien grande
fierté pour la femme, dont l'auguste et douloureux
labeur est béni de Dieu, à pouvoir se dire produc-
trice d'Humanité?...

Au cours de cette conférence, assaisonnée de
piquantes gauloiseries, M. Brun a établi une com-
paraison entre l'éducation de la femme en France
et son éducation en Haïti. Sans parti-pris, le conférencier n'a pas hésité à donner la préférence à
l'éducation haïtienne, qui est plus pratique, en ce
sens qu'en Haïti la jeune fille la plus huppée n'est
en rien étrangère aux choses du ménage. Elle est
la femme du foyer, par excellence.

En France, le mariage donne le plus souvent la
liberté à la femme, qui se réjouit de sortir sous le

joug paternel, tandis que dans notre pays la jeune fille consent à perdre sa petite indépendance pour la servitude maritale. Une fois mariée, elle se consacre entièrement aux soins de son intérieur.

Après avoir conté l'attachante et naïve légende indienne — presque inédite — dont les premiers habitants de l'île entourèrent le berceau de la femme et s'être promené à loisir dans la belle Quisqueya où régnait, à l'arrivée de Colomb, une reine — un amour de reine — que les Indiens désignaient par ce nom suggestif : *Anacoana — la fleur d'or*, M. Brun entretint l'assistance des femmes haïtiennes qui ont été fortes et viriles aux heures suprêmes, signalant, avec le brio et la noblesse de son élégante diction, le courage et l'héroïsme des unes, le dévouement et l'esprit de sacrifice des autres. Dans la glorieuse nomenclature qu'il fit à ce sujet, nous avons retenu les noms de Mmes Lamartinière, Pageot, Inginac, La Défilé, etc.

M. Brun est un psychologue. Il l'a bien prouvé, du reste, dans cette vive et fine peinture de ces *jeunes* personnes qui, sur le point de coiffer sainte Catherine, vont égrener d'interminables Rosaires en le recueillement solennel des cathédrales, cependant que, dans leurs cœurs, de soudaines amours naissent, s'éteignent, renaissent, dernières phosphorescences d'un feu qui se consume depuis *trente-cinq* printemps. Ce passage est accueilli par une artillerie d'applaudissements.

M. Jacques Léger a fait une réponse pleine d'esprit au récipiendaire. Il a péremptoirement déclaré que M. Amédée Brun avait tourné tout autour de son sujet — sciemment, — parce que, ajouta-t-il malicieusement, le jeune conférencier est un candidat... au mariage. Et, carrément, en deux mots, M. le Président apprend aux dames de l'auditoire leur véritable condition *juridique :*

— *Mesdames,* a-t-il dit d'une façon charmante, *vous êtes en tutelle !*

(Sensation prolongée. Amédée devient rouge comme une pivoine.)

Puis, M. Jacques Léger adresse quelques compliments au Gouvernement et, en particulier, à Son Excellence le Président de la République, qui ne marchandent pas à la Société de Législation un concours effectif et puissant.

M. Marcelin, ministre des Finances et membre actif de la Société, répond au nom du Gouvernement.

Comme d'ordinaire, M. le Ministre fait de fort belles phrases. — Et la séance est levée.

*
* *

La politique officielle chôme encore. Les députés ne sont pas en majorité. Il est à peu près certain que l'ouverture effective du Parlement n'aura pas lieu avant l'arrivée du Président à Port-au-Prince,

Néanmoins, d'heureuses tendances se dessinent déjà. On espère que la politique d'affaires prévaudra pendant la prochaine session. Les différents groupes s'orientent de ce côté. C'est un bon signe.

*
* *

Nous avons une inquiétante disette de nouvelles de la Dominicanie.

Qu'y a-t-il ?... Les Américains sont-ils à Samana ?...

— Dieu garde notre chère Patrie haïtienne !...

(La Fraternité.)

M. MARCELIN ET LA BANQUE

Port-au-Prince, 16 juin 1893.

Mon cher Directeur,

Notre avant-dernière lettre a eu un retentissement considérable.

Il n'est pas jusqu'au *Moniteur* qui n'ait cru bon de s'en occuper. — Quel honneur !...

Trois des plus graves colonnes de la feuille officielle ont été, en effet, consacrées à *reduire à néant* nos commentaires sur la fameuse correspondance échangée entre M. le Ministre des Finances et le Directeur de la Banque.

Cette longue réponse a pour titre *la Fraternité et M. Marcelin*, et est insérée dans la partie non officielle.

Bien qu'on n'ait pas cité une fois seulement le nom de l'auteur de l'article incriminé (nous ne savons trop pourquoi, puisqu'il a signé en toutes lettres), vous voudrez nous permettre de nous y arrêter quelque peu. Nous n'allons pas être bien long. En tout cas, nous le serons bien moins que notre excellent confrère *le Moniteur*.

L'on nous annonce d'abord, contrairement à ce que nous avons appris aux lecteurs de votre intéressant journal, que M. Marcelin ne démissionnera pas tout le temps qu'il aura la confiance du Chef de l'État et celle des Chambres.

Comme vous le voyez, mon cher Directeur, c'est presqu'une *La Palissade*. Un malin a ajouté cependant qu'il y avait aussi la confiance de l'opinion publique. Enfin, passons !...

Le bon droit, nous dit-on encore, était du côté du Ministre, dans ses derniers démêlés avec la Banque, et *il se pourrait* qu'avant longtemps il eût cause complètement gagnée.

Nous serons heureux d'enregistrer les *nouveaux* succès de M. Marcelin.

En attendant, voici ce que le Siège social à Paris écrit à notre Ministre des Finances, en date du 9 mai.

Lisez et comparez :

« Vous nous recommandez, Monsieur le Secrétaire d'État, la création de nouvelles succursales, et une organisation plus parfaite et plus indépendante du réseau de nos agences. Sur ce point, nous sommes heureux, tant par déférence pour vos avis que par sentiment de nos devoirs envers le Pays, de pouvoir vous donner une satisfaction *importante*. Nous *allons* créer deux nouvelles succursales, et nous

étudions la réforme de nos agences dans le sens
indiqué. Nous *allons* multiplier les contrôles et les
inspections. L'exécution d'un tel plan entraînera
un surcroît très lourd de dépenses.

« Dans la perspective d'une diminution de profits, d'un côté, et d'une augmentation de frais, de
l'autre, nous craindrions beaucoup que les action-
naires, au verdict desquels nous serions obligés de
recourir en Assemblée générale extraordinaire, ne
se laissassent pas convaincre facilement de l'oppor-
tunité de la réduction demandée. Pour cette raison,
nous hésiterions beaucoup à les en saisir.

« A notre avis, *c'est dans le service des emprunts*
répétés et de plus en plus onéreux de Trésorerie,
bien plus que dans les commissions statutaires de
la Banque, qu'il faut chercher le poids sous lequel
plie le budget haïtien. C'est à l'allègement et à la
disparition de ces charges qu'il convient surtout
de travailler. Nous serions très heureux de concourir à ce but avec vous, *si vous jugiez à propos de*
nous associer directement aux efforts patriotiques
que vous tentez pour l'atteindre. »

Et *le Moniteur* proclame qu'il y a donc ainsi,
d'un côté, commencement d'exécution (?), de
l'autre, une sorte de compensation propice (?) que
le temps n'est pas venu d'examiner encore. — Eh
bien, alors !...

Pour notre part, nous ne voyons là aucun succès
probable. Le fond de cette lettre du Siège social

reste absolument le même que celui des deux lettres de M. Hartmann.

Mêmes demandes, mêmes réponses à peu de choses près, seulement en des termes différents (et c'est là peut-être que réside tout le succès dont on parle).

Pure affaire de philologie ! dirons-nous avec *le Moniteur*. L'établissement de Port-au-Prince agit avec désinvolture, se montre vif et cavalier dans ses relations publiques et officielles avec M. Marcelin, tandis que le Siège social de Paris, tout en étant beaucoup plus modéré, beaucoup plus réservé, ne s'en est pas moins révélé aussi fin matois que la Banque Nationale d'Haïti que dirige M. Hartmann.

Et c'est précisément sur le sans-gêne de ce Directeur que nous avons le plus insisté, sans-gêne qui prouve bien que ses *sentiments de profond attachement pour le Pays et de sympathie pour le Gouvernement* ne sont que du persiflage. Or, nous voudrions que M. le Ministre s'entourât de tout le prestige nécessaire pour la réussite même des grandes opérations ou des combinaisons qu'il aurait à lancer, et que surtout M. Hartmann — aussi bien d'ailleurs que n'importe qui — ne pût oublier intentionnellement ou non, tout le respect qu'il doit au chef de l'administration financière du pays. Nous pensons que M. le Ministre des Finances doit éviter, par tous les moyens possibles, ces trop *excellents conseils* qui lui sont donnés avec une

certaine morgue par le Directeur de la Banque et
que nous considérons sincèrement comme vexa-
toires pour la haute autorité dont il est revêtu.

Certes, nous aurions désiré bien vivement n'avoir
poussé qu'un peu loin une aimable plaisanterie,
en voulant faire de M. Hartmann un pourfendeur
émérite qui, avec les mauvaises armes dont il dis-
posait, a battu le Ministre des Finances.

Mais nous ne pouvons nous empêcher de reconnaître un fait que *le Moniteur* lui-même a étalé
dans toute sa brutale réalité, relativement aux
Agents commerçants de la Banque.

C'est que M. Hartmann a mis M. le Ministre en
demeure de prouver que des Agents de la Banque
s'étaient délivré des récépissés pour des sommes
dont l'État n'avait pas été crédité, contestant *abso-*
lument que ce fait avancé par M. Marcelin ait eu
lieu.

A quoi bon répondre à cela? dit *le Moniteur*.

L'Officiel envisage vraiment la question,
croyons-nous, à un point de vue... tout particulier.

Nous maintenons, nous, qu'il importait beaucoup, pour le public et pour M. le Ministre surtout,
qu'une réponse correcte fût faite à la dernière
lettre de M. Hartmann.

La chose était d'autant plus aisée que, d'après
le Moniteur, les observations de M. Marcelin étaient
des plus fondées.

On nous dit que M. le Ministre actuel ne s'est

jamais placé comme un démolisseur enragé de toutes nos petites Bastilles financières.

Nous demandons bien pardon à l'écrivain officiel de n'être pas de son avis.

Le 29 août de l'année dernière, M. le Ministre des Finances, soumettant à la Chambre des Députés la situation financière de la République à son entrée aux affaires, prononçait les paroles suivantes :

. . . .

« Messieurs, dans tous mes actes, qu'ils soient inspirés par la nécessité ou par les besoins du moment, je veux que, d'un bout à l'autre du pays, il soit visible pour tous le but que je poursuis, que je poursuivrai toujours : l'amélioration du Crédit d'Haïti, *la chute de toutes nos petites Bastilles financières.* » (Séance rapportée au *Moniteur* du 5 avril 1893.)

Ces paroles font assurément grand honneur à M. Marcelin, et ce n'est pas sans un certain plaisir que nous nous sommes empressés de les rappeler ici.

Nous sommes parfaitement de cette opinion que la concurrence est le meilleur moyen de forcer la Banque à composition, et *la Fraternité* a toujours compris que les plus grands intérêts d'Haïti imposaient au plus vite la création d'institutions rivales.

Et, puisque M. le Ministre ne démissionne pas, nous espérons bientôt avoir notre *Banque du Commerce et de l'Industrie,* dont l'établissement est absolument indispensable, en regard de la Banque Nationale d'Haïti.

Cette concurrence de capitaux sera un des plus beaux résultats de l'initiative hardie de M. Marcelin et de sa bonne politique financière.

Mais la Presse — dont c'est le devoir de se faire l'écho des justes doléances des *coqs d'Inde mangés* — constate, fort malheureusement, que les choses n'ont pas changé depuis six mois.

On comprend donc ses impatiences, elles sont légitimes. La Banque continue son rôle de ventouse. Elle nous tient dans le même servage financier. Nous vivons d'expédients, le champ de l'agio est complètement drainé. Ce funeste établissement semble avoir condamné l'État à toujours traîner le boulet d'un système financier dont il faut sans cesse signaler les périls. Des emprunts se contractent, hélas! vous savez dans quelles conditions, mon cher Directeur.

Et cette Banque qui ne veut avoir aucun contrôle, si facile qu'il pût être. Oh! pas si bête! Pensez donc un peu! Que deviendraient, dès lors, ces fines lames des emprunts haïtiens qui, selon Aurélien School — ce grand maître de la chronique parisienne — se promènent en équipages flamboyants dans les allées du bois de Boulogne, qu'on prendrait parfois pour un bagne libre?

Et puis, voyons, c'est bien notre droit de ne pas vouloir qu'on grève l'avenir au profit du présent et de clamer bien haut que des considérations d'un ordre très grave nous font l'obligation de ne pas léguer aux générations à venir des charges trop lourdes.

Inutile de nous attarder à relever cette insinuation que notre article qui commente les derniers démêlés de M. Marcelin avec la Banque *sert à merveille cet établissement et disloque tous les bons vouloirs...*

Elle tombe d'elle-même.

Pour finir, nous souhaitons de tout notre cœur que M. Marcelin soit le modeste serviteur du pays, dont parle *le Moniteur*, et qu'il réalise quelque bien pendant son passage au Ministère des Finances.

*
* *

Le lundi 5 juin, à huit heures et demie du matin, un incendie a éclaté chez M\ :sup:`me` V\ :sup:`ve` B. Lépine et a dévoré, en un quart d'heure, le local et le matériel de son institution.

Heureusement, il n'y a pas eu d'accident parmi les élèves qui, toutes, étaient en classe à ce moment.

Grâce au concours de la population, l'école a pu être réinstallée, trois jours après, 84, rue des Miracles, ancien local du Ministère de la Guerre et de la Marine.

Les cours ont repris depuis le 12 juin.

(La Fraternité.)

UNE DÉCLARATION

Le dernier numéro du journal *le Droit* contient
un article sous le titre : *Une Boutade*, d'une note
toute particulière dans le grand concert d'éloges à
l'adresse de M. Marcelin, — où il est parlé de notre
fameuse correspondance de *la Fraternité* qui commente les derniers démêlés de M. le Ministre des
Finances avec la Banque Nationale d'Haïti.

Suivant exactement la voie tracée par *le Moniteur*, notre honorable confrère a cru devoir — nous
ne savons trop pourquoi — déplacer les responsabilités.

On s'en prend uniquement au journal *la Fraternité*, alors que notre signature se trouve en toutes
lettres au bas de notre chronique. Il ne saurait
pourtant exister aucune solidarité pour les opinions
émises dans une lettre entre un correspondant et
le Directeur d'un journal.

Bien que nous soyons rédacteur à *La Fraternité*,
il est évident que nous sommes seul responsable
des articles-lettres que nous envoyons à M. Bénito
Sylvain.

Il nous est donc assez difficile de saisir au juste le mobile qui a guidé notre confrère *le Droit* — aussi bien d'ailleurs que *le Moniteur* et *le Peuple* — en rendant M. le Directeur de *la Fraternité* responsable d'un article signé de nous.

Cette singulière façon de fixer les responsabilités — dans une question aussi simple — nous oblige à faire la présente déclaration pour la plus complète édification des uns et des autres.

Il nous semble — nous serions heureux d'être dans l'erreur — qu'il y a là une petite intrigue montée contre notre excellent confrère haïtien de Paris pour faire supprimer dans le prochain budget la subvention accordée à l'organe des intérêts d'Haïti à l'Étranger et de la race noire qu'il dirige avec tant de tact et de patriotisme.

Si cela est, il faut avouer que c'est une intrigue cousue en tous points de gros fil blanc.

La Chambre des Députés et le Sénat de la République ne donneront pas tête baissée dans le panneau, d'autant que le Secrétaire d'État de l'Intérieur, l'honorable M. Saint-Martin Dupuy, a proclamé, l'année dernière, à la tribune de la Chambre, les immenses services que le journal *la Fraternité* a rendus au Pays et ceux qu'il est appelé à rendre encore en Europe au Gouvernement de la République.

(*La Revue-Express*, édition hebdomadaire.

24 juin 1893.)

SIMPLES NOTES

I

En septembre 1893 — un mois à peine après
ma révocation de mes fonctions de secrétaire de
l'Inspection scolaire de Port-au-Prince — j'ai été
élu, comme on le sait, Secrétaire-Rédacteur au
Sénat de la République, en dépit de toutes les
manœuvres de M. Marcelin, ministre des Finances.

Ce fut certainement une heureuse chance.

Un jour, deux de mes amis et moi, nous causions tranquillement dans le *petit café du Sénat*,
attendant une consommation, lorsque ledit Marcelin entra et demanda à boire.

Sa présence m'avait visiblement gêné. Il s'en
aperçut et me dit avec un calme imperturbable :

— Que ma présence ne vous gêne pas, monsieur Vincent. Je suis absolument sans rancune.

— Oh ! je le sais bien, monsieur le Ministre,
répondis-je avec un à-propos dont je me félicitai
plus tard. Vous avez, d'ailleurs, suffisamment

prouvé que vous n'étiez point rancunier. Croyez
que votre présence ne me gêne nullement.

— Bien dit ! me glissa à l'oreille l'un de mes
deux amis.

La soubrette du café servit la consommation.
On but. Puis, M. Marcelin prit son portefeuille,
ajusta son monocle, salua et sortit.

Comme il s'en allait, je le regardai longtemps,
longtemps, et je songeai tristement que c'était,
hier encore, un des hommes en qui je mettais
toutes mes jeunes espérances, et dont j'avais
même appelé sincèrement, de tous mes vœux,
l'avènement au Ministère.

Ce jour-là, je fis de bien sombres réflexions.

Décembre 1893.

II

Le journal de Mathon, *l'Écho d'Haïti*, venait de publier cette série d'articles sensationnels intitulés : *Blanc et noir*, où, malicieusement, l'on avait mis en regard les écrits et les actes de M. Marcelin.

La session parlementaire battait alors son plein, et l'on s'arrachait le journal dans les couloirs de la Chambre.

C'était le 12 juin 1894.

Tandis que je le lisais, moi aussi, M. Marcelin vint à traverser l'enceinte de la Chambre, et j'entendis mon voisin de gauche, un Monsieur à binocle très bien mis, dire :

— Tiens, voici l'homme aux deux couleurs qui déambule là-bas sous l'œil méfiant du président Riché et le sourire sceptique et agaçant du président Salomon, qui lui, paraît-il, le connaissait bien.

Le Monsieur à binocle venait de lire *l'Écho*.

— C'est étonnant comme on parle de ces articles de *l'Écho*, me dit au même instant un excellent sénateur. Quant à moi, ils ne m'ont rien appris

de nouveau. Je sais, depuis longtemps déjà, que
M. Marcelin n'a jamais été autre chose qu'un
vivant paquet de contradictions.

A ce moment, la clochette de M. le Président
de la Chambre retentit, et j'entrai dans la salle
des séances pour entendre les chinoiseries d'un
honorable député qui, déjà, gesticulait à la tribune, tandis que, dans l'enceinte parlementaire,
des têtes s'affalaient par-ci, par-là « dans le som-
meil innocent du devoir accompli ».

Juillet 1894.

III

Les murs ont quelquefois des oreilles.

Pierre Lafleur, directeur de *l'Opinion Nationale*, avait dirigé, on s'en souvient, une charge à fond de train contre M. Fabius Ducasse, ministre de l'Intérieur, à propos de la retentissante affaire Desrouleaux.

Ce haut fonctionnaire crut devoir demander au Président de la République la révocation de Lafleur, alors signataire des billets de caisse de la Substitution.

La question fut portée au Conseil des Secrétaires d'État, afin d'entendre l'opinion de M. Marcelin, ministre des Finances, de qui relevait directement notre confrère.

— Pour ma part, dit M. Marcelin, je ne vois rien dans l'article de M. Lafleur pouvant motiver sa révocation. Il s'est tout simplement fait l'écho de certaines rumeurs, sans même donner aucune appréciation réelle sur leur fondement. A mon avis, il est resté strictement dans son rôle de journaliste correct.

— Lorsqu'il s'agissait de la révocation de M. Sténio Vincent, répondit alors M. Ducasse, vous teniez cependant un **tout** autre langage.

— Pardon, s'empressa de répliquer M. Marcelin ; ça, c'est une autre affaire. M. Sténio Vincent, par ses articles, avait **fortement** ébranlé le crédit de la République à l'Étranger, et le Gouvernement s'est trouvé dans la légitime nécessité de sévir contre lui.

On rapporte qu'à ce moment M. le Président de la République se retira dans un appartement voisin, pour laisser plus de liberté dans la discussion.

Lafleur ne fut pas révoqué. Mais M. Marcelin voulut encore me faire passer, aux yeux de ses collègues, comme étant responsable de la situation financière actuelle du Pays.

Comme c'est bête, la mauvaise foi !...

Août 1894.

IV

M. Jean-Louis Adam, un jeune député qui est toujours d'une invariable bonne humeur — heureux tempérament! — proposa, à l'issue d'une interpellation de M. Marcelin, ministre des Finances, l'ordre du jour suivant :

« La Chambre, après avoir entendu les explica-
« tions de M. le Ministre des Finances, se déclare
« satisfaite *quant à présent*, et passe à l'ordre du
« jour. »

M. LE PRÉSIDENT. — L'ordre du jour proposé par le député Adam est mis en discussion.

— Je n'accepte pas l'ordre du jour que vient de proposer M. le député Adam, s'écria M. Marcelin dans un beau mouvement d'éloquence. Je ne suis pas de ceux qui se cramponnent à un portefeuille. Un ministre qui se respecte ne saurait admettre ce *quant à présent*, qui est une malheureuse innovation dans vos usages parlementaire. Ou la Chambre est satisfaite des explications que je viens de lui donner, ou elle ne l'est pas.

Si elle n'est pas satisfaite, qu'elle le déclare franchement. Je n'aurai alors qu'une seule chose à faire en sortant d'ici, se sera d'aller remettre ma démission à M. le Président de la République.

C'était certes un beau langage, digne d'un homme de caractère et d'un esprit sérieux!

M. le député Adam monta à la tribune et expliqua, autant qu'il le put, son *quant à présent*.

L'ordre du jour fut voté presque à l'unanimité.

ET M. MARCELIN EST ENCORE MINISTRE DES FINANCES.

— C'est égal, me dit quelques jours après, un des propres amis du Ministre, je remarque que Marcelin commence à se f... de la République.

Il s'en contre-f... à l'heure actuelle!

Août 1894.

DISCOURS

PRONONCÉ LE 8 JUILLET 1893

SUR LA TOMBE DE M. EDMOND PAUL

MESDAMES, MESSIEURS,

Notre jeune âme a tressailli d'un légitime orgueil et d'une profonde émotion, lorsque le Comité qui a pris la noble initiative d'organiser cette imposante manifestation nous fit savoir que nous avions été unanimement désigné pour porter ici la parole au nom de la jeunesse.

Certes, nous sentons bien toute notre insuffisance à remplir une si glorieuse et en même temps si pénible mission.

Nous remercions, néanmoins, messieurs les membres du Comité du grand honneur qu'ils ont bien voulu nous déférer.

Dès qu'on eût appris, par le fatal télégramme, la douloureuse nouvelle de la mort de M. Edmond Paul, la jeunesse de Port-au-Prince prit une fière attitude.

Toujours éprise de généreuses passions, naturellement portée aux ferventes amours de la patrie, elle a compris qu'elle avait pour devoir de saluer publiquement la mémoire auguste de M. Edmond Paul, dont la vie, toute d'abnégation et de désintéressement, a été presque entièrement consacrée aux graves problèmes du relèvement d'Haïti. Et elle résolut de déposer une couronne sur sa tombe, comme un éclatant témoignage de sa profonde vénération et des regrets impérissables que laisse parmi les générations nouvelles cet homme éminemment remarquable.

Comme on doit bien le comprendre, notre rôle est nécessairement borné. Il serait certainement malaisé et hors de propos de nous étendre trop longtemps sur la rayonnante personnalité de M. Edmond Paul.

Nourri dans le culte des plus belles vertus civiques, toujours ferme et inébranlable en un milieu de tant de honteuses et cyniques compromissions, M. Edmond Paul ne saurait, en effet, traîner nos cœurs après lui que par la droiture de ses principes, la brillante culture de sa prodigieuse intelligence, sa passion sincère de l'Honneur et du Devoir et surtout, Messieurs, par son incontestable probité politique.

Dans notre cher et malheureux pays, — et surtout à cette époque inquiète où nous vivons — nous pensons que l'idée de Patrie doit être intimement liée à l'idée de probité et d'honnêteté. Notre Société, trop longtemps saturée de vaines déclamations et de fatales impostures, en est arrivée à ne plus avoir confiance qu'en ceux qui agissent, c'est-à-dire qui montrent, par des faits et par des actes, que le bien public est leur seul guide, que les intérêts réels du pays sont leurs plus constants soucis.

Or, — il faut bien nous habituer à ces pénibles aveux — ils deviennent de plus en plus rares chez nous, ceux qui, au milieu de cet engourdissement général des courages, de cette déchéance complète des caractères, et même de la dangereuse débâcle des mœurs publiques, résistent, avec toute la vigueur de leur audacieux patriotisme, à cette puissante corruption née des terribles commotions, des tourmentes effroyables que nous subissons depuis près d'un demi-siècle.

M. Edmond Paul fut un de ces hommes rares.

Tous proclament, en effet, qu'il a été une conscience absolument intègre, qu'il a toujours vécu étranger à toutes les intrigues et à toutes les vilenies si communes en ce temps de décrépitude morale. Amis et adversaires sont obligés de reconnaître qu'il n'a jamais savouré que les saines jouissances que lui procuraient les hautes études sociales auxquelles il s'était constamment livré, et qu'il s'en allait, au cours de sa carrière publique, calme et serein, luttant sans trêve ni merci pour le bonheur de son pays.

Ce grand caractère est donc un exemple édifiant pour la jeunesse qui lutte et qui espère.

Oui, nous espérons, nous autres jeunes.

Lorsque nous feuilletons les pages de sang qui maculent notre histoire nationale, une grande douleur nous étreint. Nous nous surprenons parfois à nous demander, comment il se fait que le pays n'ait pas sombré pour jamais dans ces immenses désastres, dans ces luttes incessantes et meurtrières.

Mais toujours aussi — et c'est, hélas! toute notre consolation — alors que notre chère patrie haïtienne était en proie aux sauvages horreurs de la guerre civile, alors qu'elle se débattait cruellement dans les affres de l'agonie dernière, et que les détracteurs de notre race infortunée battaient des mains, nous avons vu heureusement de grandes âmes, des hommes de cœur, qui, comme M. Edmond Paul, ne désespèrent jamais, surgir des sanglantes mêlées, apportant le salut de leur pays aux heures suprêmes.

C'est pourquoi nous espérons.

Il est inévitable que tout se modifie, que tout progresse, que tout évolue.

Si ce n'est pas l'œuvre des hommes, ce sera l'œuvre du temps.

Déjà même, nous vivons, malgré tout, au sein d'une atmosphère plus clémente, sous le gouvernement d'union et de concorde d'un citoyen qui, quant à lui, s'est toujours montré bien disposé à faire le bonheur du peuple dont il dirige les destinées.

On assiste depuis quelque temps à l'éclosion de symptômes nouveaux, précurseurs de l'enfantement d'une rénovation prochaine peut-être.

Quoi qu'en pensent donc les prophètes de malheur qui jettent dans les esprits le découragement de l'espérance elle-même, notre jeune nation ne périra pas.

Haïti est nécessaire dans le monde, parce qu'elle représente, à elle seule, toute une race d'hommes encore honnie et méprisée.

Nous espérons surtout, Messieurs, parce que nous croyons qu'on peut encore trouver, dans la République, des hommes, de vrais patriotes ceux-là, qui, comme M. Edmond Paul, — le mort illustre que nous saluons pour la dernière fois au nom de la jeunesse — sauront nous soutenir dans nos fortes et saines aspirations et fortifier de plus en plus notre foi robuste dans l'avenir meilleur.

ASSOCIATION

DU

CENTENAIRE DE L'INDÉPENDANCE NATIONALE

Fête annuelle

(17 janvier 1894)

RAPPORT DU SECRÉTAIRE GÉNÉRAL

MESDAMES, MESSIEURS,

C'est assurément une excellente bonne fortune lorsque, par ces longues accalmies de la vie port-au-princienne, une âme charitable, voulant rompre l'ennuyeuse uniformité d'une existence devenue trop fade, vous envoie prier, sous un prétexte quelconque, de venir passer chez elle deux ou trois bonnes heures.

Le plus souvent, le prétexte est alléchant et vous porte à croire tout de suite à quelque attraction cachée. C'est quelquefois, il faut l'avouer, un petit *five o'clock* assez aimable et d'autant plus délicieux qu'il a été inespéré. On ne refuse, par conséquent, presque jamais de prêter franchement et loyalement son concours dans ces rares occasions, trop

rares, hélas ! — Car, outre la joie que l'on éprouve
de se trouver en compagnie de jeunes personnes,
les unes plus gentilles que les autres, et d'alimenter des conversations exquises, pleines de grâce et
d'humour, où des soupirants empressés minaudent
les compliments les plus fleuris avec des manières
émues et osées, on peut être toujours certain que
cela finira par une sauterie improvisée qui, —
l'entrain aidant — dure bel et bien quelquefois
jusqu'à une heure assez avancée de la nuit. Et,
dame ! quand on est jeune, on est plus ou moins
amateur de valses, de polkas et de bien d'autres
choses encore.

Donc, dimanche dernier, à l'heure précisément
où je mettais la main à mon rapport — me con-
formant en cela à un avis officiel de notre collègue
Chauvet, président du Comité d'organisation de la
séance solennelle annuelle — je reçus la visite d'un
ami qui, de la part de M... — au fait, le nom vous
importe peu — vint m'inviter sans cérémonie à
une espèce de « cinq à sept », offert aux intimes
de la famille à l'occasion du dix-septième ou du
dix-huitième anniversaire de la naissance de sa
fille, Mlle... enfin, mettons Mlle Yolande.

— Oh ! comment donc, fis-je à mon visiteur, je
suis vraiment enchanté que M. X... ait daigné penser à moi, et je vous prie de lui donner l'assurance
que je ne manquerai pas de répondre à sa gracieuse
invitation.

Puis, comme mon visiteur me quittait pour aller chez le voisin, remplir peut-être la même mission, je mis paresseusement la plume de côté pour ne plus la reprendre.

Ma joie était si grande que je ne pensai plus dès lors au rapport et encore moins à la séance de ce soir.

— Allons-y gaiement, me dis-je en moi-même, et surtout pas de façons.

Voyons, est-ce qu'on trouve ces choses-là tous les matins ?

Et j'y suis allé...

*   *
*

Il est cinq heures. Dans le jour finissant, un large soleil d'or qui flamboie tout là-bas dans la mer bleue met des teintes roses sur les façades des maisons. Déjà, les invités, très nombreux, malgré le cachet modeste qu'on veut donner à cette fête de famille, sont réunis et causent. Détail à noter : on vient de sabler le premier verre de champagne, et les Messieurs en ont encore la moustache toute humide. J'arrive, moi aussi, et, en gravissant les marches de l'escalier, mes oreilles perçoivent distinctement dans le salon des chuchotements de voix aux intonations câlines avec des fusées de rires jaillissant des poitrines, cependant que, par toute la maison, de petites fillettes endimanchées vont et viennent bruyamment, jolies et pimpantes — les cheveux aux vents.

J'entre, le cœur secoué d'émotion, et au seuil de la porte du salon, je rencontre Mlle Yolande en personne, qui s'essayait à son rôle de sous-maîtresse de maison, et en faisait l'apprentissage avec un tact vraiment étonnant. C'est, d'ailleurs, une de ces créatures privilégiées, dont la prestigieuse beauté doit en faire, dans un avenir prochain, l'admirable et fière souveraine d'un peuple d'adorateurs.

Elle me reçut le plus gentiment du monde.

Bref, le hasard voulut que nous nous trouvions bientôt l'un près de l'autre, — et, tandis qu'à lentes bouchées je grignotais des pralines dans une corbeille de sucreries, toute rieuse, avec la gaieté primesautière d'une grande gamine, la belle Yolande ouvrit l'audience.

Quand nous eûmes échangé les premières banalités d'usage en des phrases toutes faites, elle me dit:

— Mais à propos, Monsieur, c'est donc bien le 17 qu'aura lieu la fête annuelle du Centenaire. M. Jérémie vient d'ici, et je crois qu'il en a dit un mot à papa. En tout cas, j'espère bien que vous allez faire un rapport aussi intéressant que celui de l'année dernière.

— Oh ! Mademoiselle !!

— Je vois bien, Monsieur, continua-t-elle, que je mets votre modestie à l'épreuve. Je sais pour-

tant que ce métier de rapporteur n'est pas chose
enviable, et qu'il faut parfois se mettre en quatre
pour pouvoir présenter un travail quelque peu
attrayant à un auditoire qui, pour être très sympathique, n'a pas moins ses petites exigences. Et
puis, il me semble que la rareté des faits saillants
à mentionner dans le compte rendu de vos travaux
de l'année 1893, doit vous rendre la difficulté
encore plus embarrassante.

— Certes, ai-je répondu, le Centenaire a eu
aussi à se ressentir de ce malaise général, tant
moral que matériel, qui s'est abattu sur le pays
l'année dernière. Mais, enfin, nous avons accompli
quelques travaux très importants qui peuvent être
la matière d'un rapport assez nourri. C'est, d'abord,
l'inauguration de l'École du soir que dirige si habi-
lement l'honorable Président de l'Association. Eh
bien ! on peut rappeler à ce sujet le magistral discours prononcé à Saint-Joseph par M. l'abbé Aubéry
qui, continuant, sans le savoir, une intéressante
discussion qui s'est produite dans une de nos
séances, lors de la confection du programme de
l'École, a démontré, avec une puissance de logique
irrésistible, qu'en dépit des assertions erronées
de certains esprits, toute morale dépend d'un
dogme, d'une foi religieuse quelconque, que la
morale ne peut pas se passer de la religion. Il y
aurait encore lieu de signaler, dans cette même
occasion, la brillante allocution de M. Théophile

Martin, inspecteur des Écoles, allocution dont la haute envolée patriotique a soulevé tant d'applaudissements dans l'assistance.

Passant à un autre ordre d'idées, on ne manquerait pas de parler de la fête organisée par l'Association au bénéfice de l'Institution Vᵛᵉ Belmour Lépine, si cruellement éprouvée ces temps derniers. On parlerait aussi des nouvelles nominations de membres actifs qui ont été faites par le Comité fondateur.

Il y a surtout une chose que l'on ne pourrait pas oublier — la reconnaissance étant un devoir sacré. C'est que l'État haïtien, qui n'est pas évidemment un artiste en largesses, appréciant la portée de notre œuvre et son caractère éminemment national, a bien voulu nous accorder une subvention mensuelle de 150 P. pour le fonctionnement régulier de l'École du soir.

Cette subvention est un allègement considérable à notre situation financière qui, bien que ne se soldant pas en un déficit à jets continus, comme on dit aujourd'hui, n'est pas non plus ce qu'on peut appeler une situation parfaitement équilibrée.

Et, dans ce remue-ménage de faits divers, l'on saisirait avec empressement l'occasion de rendre hommage à l'aimable mémoire de deux des nôtres impitoyablement moissonnés avant terme par le farouche Destin, deux amis dont le souvenir nous est si cher.

J'ai nommé Edwin Chenet et Maurice Déjean.

Chenet, le bon drille, l'impayable diseur de monologues qui, par son brio endiablé, ses incomparables jeux de scène, désopilait les rates les plus rebelles ; — Déjean, l'artiste et le poète.

— Oh ! je me rappelle bien ce pauvre Maurice ! murmura tristement mon intelligente interlocutrice, une bonne amie du défunt. Comme j'aimais à le lire, à savourer ses vers ciselés avec tant de goût et d'où se dégage un parfum de saine et attrayante littérature faisant le plus heureux contraste avec cette médiocrité de jour en jour plus envahissante.

— Et moi aussi, hélas ! Mademoiselle, je ne me souviens que trop de cette figure élégante, de cette physionomie régulière qui s'épanouissait dans toute l'exubérance de ses vingt ans. Avec une taille peu élevée, la démarche aisée et gracieuse, des yeux doux et bons, ce sourire spirituel toujours figé sur ses lèvres, Maurice était d'un physique assez agréable.

Sa conversation franchement gaie était empreinte d'une distinction, d'une délicatesse sans mièvrerie.

Quoiqu'il n'ait laissé que des travaux épars, Maurice n'en a pas moins sa place marquée dans les jeunes Lettres haïtiennes, et, à travers les aspirations inquiètes de la jeunesse travailleuse, visiblement tourmentée d'un ardent besoin de rénova-

tion sociale — malgré les clameurs insanes d'esprits
pervers et blasés qui sonnent le glas de l'espérance
elle-même, — on se montrait ce talent fauché dans
sa fleur comme une des plus belles gloires de demain. Ses neuves audaces prosodiques l'avaient
mis en relief, il y a quelque trois ans, et, depuis,
les connaisseurs littéraires affirmaient qu'il était
dans la voie de la Renommée.

— C'est dommage, reprit M{\text{lle}} Yolande, qu'il
n'ait écrit que des sonnets, il pouvait bien se livrer
à des œuvres de plus longue haleine !

— Pour ma part, je trouve la raison de cela
dans le dilettantisme même de Maurice qui, à n'en
pas douter, était bien ce qu'on appelle un poète
galant. Comme d'autres s'extasient en face des
beautés de la nature, l'âme de Maurice était soumise à la puissance de la beauté féminine.

Sa muse naïve — il n'y a pas de vrai talent, dit-
on, sans un peu de naïveté — exprimait à merveille les sentiments de son cœur passionné. Un
rien, un joli visage, deux grands yeux de velours
noir, un petit détail de chiffon, le moindre enthousiasme excitait sa verve poétique. Assiste-t-il à une
solennité religieuse, il s'aperçoit de suite, au moment de la Consécration, que « des nuques aux
courbures gracieuses se prosternent sous les bri-
sures jaunes et flamboyantes du Saint-Sacrement,
— cependant que la voix de l'orgue émerge en des
vibrations tremblantes ». Et il vous traduit son

ivresse éphémère en un sonnet qui est une véritable perle littéraire.

Je me souviens comme si c'était hier d'une pro-
menade que nous faisions ensemble un soir au
Champ de Mars. Nous flanions avec indifférence
lorsque, soudain, nous vîmes à quelques pas de
nous tout un groupe de jeunes filles. Et voilà Maurice qui se met à contempler la « blanche cara-
vane de brunes au corsage blanc promener leur
gaieté par la verte savane au souffle vespéral du
vent, — tandis que, dans le ciel bleu, une lune
capricieuse, morne et pâle, ruisselle les clartés de
sa lampe d'opale sur ces promeneuses du soir ».
Et il exprime cette légère extase dans un autre
délicieux sonnet intitulé : *Passantes au Clair de
Lune*, qu'il voulut bien me dédier comme un souvenir. Si la poésie galante, dit un maître de la critique contemporaine, affectionne particulièrement
les petits genres, le sonnet, le madrigal, la chan-
son, c'est que ces genres sont les cadres exactement appropriés à ces mots heureux qui suffisent
à l'expression de l'émotion du poète et qui seraient
noyés dans l'abondance de l'élégie ou l'enthousiasme de l'ode.

Vous croyez tous, Mesdames et Messieurs,
qu'après cela il n'y avait plus rien à dire sur Maurice. Vous vous trompez certainement.

Toute saturée de littérature, fraîchement émou-
lue du couvent, l'éloquente Yolande prenait plaisir

à ces entretiens qui, sous couleur d'une simple passe, revêtaient pourtant un caractère analytique très prononcé.

— Mais n'avez-vous pas remarqué, Monsieur, dans les pièces de Déjean comme un certain vague, un manque de précision qui cache le fond de la pensée ?

— Votre observation a sa valeur, Mademoiselle ; et, à ce propos, je m'en vais vous faire part d'une réminiscence qui me vient à l'instant.

Émile Montégut raconte, dans ses *Morts contemporains*, qu'un excentrique du monde littéraire parisien, divisait un jour les poètes érotiques de tous les temps et de tous les pays en deux classes : les *verticaux* et les *horizontaux*.

Par *verticaux*, il entendait les poètes érotiques dont la passion, sans poltronnerie, va droit à son but comme la flèche qui part de l'arc et ne s'est jamais attiédie aux innombrables stations de la carte du Tendre. Par *horizontaux*, au contraire, il entendait ceux dont la passion se dérobe comme l'horizon devant le voyageur, recule sous le regard, tout en paraissant fixe, et s'attarde en mille délicatesses par lesquelles, dupe volontaire, elle donne le change à son ardeur.

D'après cette définition originale, Oswald Durand et Guilbaud sont des *verticaux*, tandis qu'Arsène Chevry, par exemple, n'est qu'un pauvre diable d'*horizontal*.

— Eh bien! alors — reprit Yolande en riant comme une folle — qu'était-il donc ce bon Maurice, *vertical* ou *horizontal?*.....

Comme j'allais lui répondre, un mouvement de chaises se fit dans le salon tout empli déjà des accords retentissants du piano. On jouait *Sous les Flots*, et des couples commençaient à tournoyer au son cadencé de cette valse entraînante.

Je me mis aussi à danser, d'abord avec la jeune fille distinguée dont je viens de vous parler, et je m'amusai ferme tout le reste de la nuit.

Vous savez tous quels lendemains accablants laisse le bal folâtre!!!

Tout cela, Mesdames et Messieurs, pour arriver à vous dire que, pour la première fois, je me trouve en contravention avec les Statuts généraux de l'Association et que, à mon très grand regret, je ne pourrai pas faire, ce soir, mon rapport annuel.

DISCOURS

PRONONCÉ LE 21 JANVIER 1894, A

LA DISTRIBUTION DES RÉCOMPENSES

DE

L'ÉCOLE NATIONALE DE DROIT

———

Monsieur le Directeur,
Messieurs les Professeurs,

Lorsqu'il y a quatre ans, le Gouvernement actuel de la République rouvrit l'École Nationale de Droit, il avait probablement en vue, non seulement la vulgarisation des études juridiques dans le pays pour un recrutement plus facile de la Magistrature, mais encore la préparation d'un certain nombre d'hommes spéciaux destinés à occuper les charges de l'administration dont l'exercice exige des connaissances particulières ou des aptitudes qui ne s'acquièrent que par une volonté bien ferme d'approfondir cette science du Droit si vaste et si compliquée.

C'est évidemment là une des œuvres les plus

remarquables, les plus utiles et les plus patriotiques qu'il ait accomplies jusqu'ici, parce qu'il
doit en résulter tôt ou tard une amélioration sociale
de la plus haute portée.

En vous confiant, Messieurs, le soin d'imprimer
à cette œuvre une direction saine et élevée, le
Gouvernement a eu la main on ne peut plus
heureuse. Qui donc, en effet, montre plus de soucis et plus de conscience que vous dans l'accomplissement du devoir ? — Quels fonctionnaires font
preuve d'un zèle plus ardent, d'une intelligence
plus travailleuse, d'une espérance plus solide dans
les résultats de cet enseignement sérieux que vous
inculquez à une notable partie de vos jeunes concitoyens?

Pendant quatre ans, dépouillant vos cours de
tout appareil scolastique, — simplifiant, autant
qu'il vous était possible, des théories extrêmement
difficiles, — tâchant avant tout de vous faire comprendre de tous, — vous nous avez initiés aux
différentes branches de l'enseignement général de
cette Faculté.

Oui, pendant quatre ans, avec un rare bonheur,
un talent indéniable, vous nous avez inoculé ces
bons principes qui constituent comme une sorte de
vaccin moral préservant des conceptions étroites
du charlatanisme, des ruses et des manœuvres de
la mauvaise foi.

Nous vous en remercions, Messieurs, au nom de

tous ceux qui vont bénéficier de cet immense service. Nous regrettons même de ne pouvoir vous
rendre que cet hommage banal de notre admiration et de notre gratitude.

* *

Tout récemment encore, quand le bruit se ré-
pandit que vous veniez de commettre de nouveaux
licenciés en droit, un personnage qui jouit d'une
antique réputation d'homme profondément instruit — Dieu nous garde de renverser des idoles !
— nous aborda au milieu de la rue et nous adressa
de chaudes félicitations qu'il eut soin aussitôt de
tempérer par cette singulière exclamation : « Mon
Dieu ! Mon Dieu ! que d'avocats vont nous tomber
dessus avec cette École de Droit ! »

Comme si, Warvicks d'un nouveau genre, vous
n'étiez que des faiseurs d'avocats, — comme si
tous ceux qui se pressent autour de cette chaire
ne venaient écouter votre bienfaisant enseignement
que dans l'unique but d'aller grossir les rangs des
divers barreaux de la République, — comme si,
enfin, tous les citoyens d'un État libre ne devaient
pas chercher à posséder une notion complète de
leurs droits et de leurs devoirs pour la bonne
marche même du grand atelier social.

— Non, lui avons-nous répondu, — ce n'est pas
cela du tout. Demandez-le plutôt aux hommes d'État

qui ont sérieusement étudié ce pays, — demandez-le surtout à l'honorable Secrétaire d'État de
la Justice et des Relations Extérieures, notre ancien Directeur, qui, de temps en temps, est appelé
à présenter des candidats au Chef de l'État, soit
pour les fonctions de la Magistrature, soit pour
celles plus délicates encore de la Diplomatie.

Et croyez-vous donc — avons-nous ajouté —
que, dans l'état actuel des choses, on trouve facilement des Commissaires du Gouvernement, des
Chargés d'Affaires, des Secrétaires de Légation
véritablement à la hauteur de leur mission, comme
on trouve, par exemple, un petit employé de
Ministère ?.....

Comme nous attendions pour voir un peu l'effet
de notre réponse, le personnage laissa poindre sur
ses lèvres un de ces sourires blasés que l'on connaît bien, nous tendit la main, et s'en alla.

Qu'importe, Messieurs ; vous faites ici une noble
besogne. Les semences des bonnes idées ne meurent
point. Elles germent, elles fructifient, quoi qu'on
fasse.

Et ce vous est déjà une gloire bien enviable que
celle d'avoir à préparer une belle et grande moisson pour l'avenir.

SOCIÉTÉ DE LÉGISLATION

Sont présents : MM. Léger, Sylvain, Bonamy, Ménos, Bouzon, Borno, Héreaux, Viard, Baron, Dominique.

A cette séance assistent également : MM. Modé, Vallès, Oreste, Ethéart, professeurs à l'École de Droit; M. Hudicourt, secrétaire de l'École ; et M. Sténio Vincent, lauréat du prix de la Société de Législation.

M. le Président adresse quelques paroles à M. Sténio Vincent qui répond en ces termes :

MONSIEUR LE PRÉSIDENT,
MESSIEURS,

Une chance — heureuse entre toutes — me vaut aujourd'hui le grand honneur d'être reçu par la Société de Législation en séance spéciale. Certes, s'il est une impression dont je garderai longtemps le meilleur souvenir, c'est bien celle que j'éprouve en ce moment, — et, avant de vous remercier de l'accueil que vous me faites, de l'empressement que vous avez mis à me remettre le prix fondé par

vous et que j'ai mérité à l'École Nationale de Droit,
vous me permettrez de me féliciter moi-même de
me trouver en votre compagnie, qui compte tant
d'hommes distingués, qui renferme, on peut dire,
dans son sein presque tous les robustes lutteurs du
présent. Dès la création de la Société de Législation, j'ai toujours suivi, avec un intérêt croissant,
les progrès de son œuvre si utile, et je dévore
chaque mois, avec la même avidité, l'intéressante
Revue qui rapporte vos saines et profondes délibérations et ces discussions scientifiques qui ont
incontestablement contribué, pendant ces derniers
temps, à l'extension des idées juridiques modernes
et à la propagation, dans le pays, des problèmes
économiques les plus délicats.

Je m'en voudrais donc, Messieurs — et c'est ici
l'occasion ou jamais — de ne pas rendre hommage
à vos efforts, à vos luttes incessantes, à votre soif
d'un état meilleur ; — et si parfois, en ce temps de
pessimisme à outrance, des esprits rétrogrades,
inconscients du devoir qui incombe à chaque citoyen, veulent nier la noble impulsion que vous
donnez aux travaux intellectuels et les aspirations
supérieures qui vous guident, continuez quand
même votre œuvre. Le bien qui en résultera sera
le plus puissant démenti que vous pourrez donner
à ces dénégations de la mauvaise foi.

Pour moi, qui appartiens à la génération mon-
tante, je travaille et j'espère.

Mes succès ne me rendent pas plus fier ; je n'en tire, croyez-le, aucune vanité. Je puis me vanter d'être assez intelligent pour comprendre que le champ de la science est vaste, infini, et que j'en suis à peine à la première étape. Je vous vois loin, Messieurs, bien loin de moi, élargissant, chaque jour, le domaine de vos connaissances, hâtant le pas, marchant sans cesse. J'essaye de vous suivre, voilà tout. Pour cela, je travaille, je marche aussi, animé par le fol espoir de vous rencontrer un jour. Et vous, vous me faites signe de venir, vous m'encouragez à entreprendre cette laborieuse excursion à travers le chemin de la science.

Je considère votre Prix comme cet encouragement-là, et je vous en remercie.

*
* *

M. J.-L. Dominique, directeur de l'École Nationale de Droit, prononce, à son tour, une allocution et, en finissant, offre à la Société six exemplaires de la relation de la récente distribution des prix de l'École Nationale de Droit.

M. le Président l'en remercie au nom de tous ses collègues : après quoi, la remise du Prix de la Société est faite au lauréat.

(*Revue de la Société de Législation,*
Numéro de mars 1894.)

A PROPOS DU JURY

NOTES ET IMPRESSIONS

— Approchez-vous un peu... Là... Maintenant, racontez à *Messieurs les jurés* ce que vous savez de l'affaire de l'accusé N...

Après avoir placé ce petit discours habituel, M. le Président de la Cour d'Assises posa majestueusement sa toque de velours noir sur sa vénérable tête où grisaillent les premières neiges du Temps, se mit à caresser machinalement les glands d'or de sa large ceinture moirée et disposa toutes ses facultés auditives afin de bien saisir les dépositions et de dégager un peu de vérité du fouillis des témoignages divers.

Le témoin a déjà décliné ses nom, prénom, âge, profession, etc., et déclaré n'être pas domestique de l'accusé — on y tient au tribunal criminel ! Tout tremblant, le cœur plein d'émotion devant les phy-

sionomies placides des trois magistrats engoncés
dans leurs grandes toges rouges, il allait commencer la narration des faits à sa connaissance
dans l'affaire susdite (excusez, lecteurs, si nous
avons encore le cerveau tout truffé de l'argot du
Palais), lorsque l'un des douze jurés, en face desquels il se trouvait, baissa soudain la tête, et, rom-
pant le calme relatif qui régnait alors dans l'auditoire, *dégueula*. Ce juré était ivre-mort, et c'est
avec grand'peine qu'il put traverser l'enceinte du
tribunal pour aller cuver son tafia ailleurs. Quelque
chose comme un haut-le-cœur général passa rapidement dans l'assistance. Tout le monde se regar-
dait, ahuri de ce qui venait d'avoir lieu.

C'était dégoûtant.

Il y eut forcément une suspension d'audience. Je
me levai alors tout pensif, épouvanté de cet abîme
de dégradation morale où tombaient quelques-uns
de mes concitoyens. Cette scène scandaleuse m'avait
complètement bouleversé, et je n'eus pas le courage
d'attendre la reprise de l'audience.

*
* *

Certes, quoi qu'en disent certaines personnes,
l'institution du jury, considérée en elle-même, ne
saurait souffrir de ces défaillances individuelles.
L'organisation politique et sociale de la République
ne s'oppose en rien, croyons-nous, au maintien de

ce rouage principal de la législation criminelle moderne.

C'est une erreur profonde de prétendre que nous ne sommes pas assez avancés en civilisation pour avoir le jury en Haïti. Car on n'a qu'à remonter à quelques années d'ici pour constater combien ceux qui faisaient partie de cette magistrature spéciale étaient à la hauteur de leur délicate mission. Ils n'ignoraient pas alors, ceux-là, que le caractère dominant du jury, « c'est l'intervention directe, immédiate de la société dans les affaires qui l'intéressent le plus ; c'est le jugement par le pays, c'est le concours de chaque citoyen dans l'exercice journalier des actes qui protègent la sécurité sociale, et constituent ainsi non pas sans doute l'unique but, mais au moins le principal but de toute justice pénale ». Ils savaient se pénétrer de l'importance du rôle qui leur était dévolu, ils avaient au moins conscience du devoir qu'ils remplissaient. Aussi bien, n'avait-on pas à enregistrer de ces verdicts insensés et injustes qui ont tant défrayé la chronique des deux derniers mois !

Mais aujourd'hui, hélas ! Calypso, la fameuse déesse (quelle femme dévergondée !...), semble vouloir embrasser Thémis. On ne peut pas dire encore qu'elles ont fait ménage ensemble. Le bon sens de la société haïtienne et les efforts de l'État sauront empêcher assurément une union aussi disparate.

Il est cependant de toute évidence que jamais on n'a eu un jury aussi mal composé.

Le Conseil communal, qui doit emporter toute la responsabilité de cette grave question, s'est évertué, paraît-il, à envoyer siéger, cette année, au Tribunal criminel, une majorité de rigolards de barrières, vrais types de troisième dessous, pétris de bassesses et d'immoralité.

Ah ! s'il fallait mettre les points sur les *i* et exhumer toutes les actions hideuses de quelques jurés, nous aurions trop à dire, et l'amour-propre national en souffrirait trop cruellement.

*
* *

Le Conseil communal de Port-au-Prince a contribué, sans le vouloir peut-être, à jeter de la déconsidération sur la justice pénale haïtienne et a mis à nu les viscères les plus odieuses de la décomposition sociale.

Le Conseil communal est inexcusable.

Le Code d'Instruction criminelle, en effet, prescrit la formation d'une liste générale de tous les citoyens habiles à être jurés, et l'affichage de cette liste à la porte extérieure de l'Hôtel communal.

C'est sur cette liste générale que chaque Conseil, sur la réquisition du Commissaire du Gouvernement, tire au sort un nombre déterminé de jurés appelés à faire partie de la prochaine Assemblée du jury.

Ces prescriptions du Code d'Instruction criminelle ont-elles été observées ?

On a dit que le Conseil communal se contente seulement de désigner des individus pour être jurés ; nous pensons qu'avec un peu plus de bonne volonté il aurait pu faire des choix meilleurs.

Il y a, sans conteste, à la Capitale, un nombre considérable de personnes très honorables. Le Conseil n'avait donc qu'à bien s'y prendre pour nous donner un jury sérieux et à la hauteur de sa tâche. Et nous sommes persuadés qu'un homme de l'honorabilité de M. Thomas Mills aurait songé aux conséquences funestes de la légèreté avec laquelle la liste des jurés a été formée.

Nous espérons donc qu'à la prochaine session criminelle le Conseil communal de Port-au-Prince ne prêtera plus le flanc à de si justes reproches et que, désormais, il nous donnera chaque fois un bon jury. Et alors, ce ne sera pas une simple façon de parler, une vaine formule de discours d'avocat que de s'adresser au jury en disant : « *Honorables* jurés, la société a confiance en vous ; vous êtes ses dignes représentants, et elle compte sur vos consciences droites et honnêtes. »

(*L'Écho d'Haïti*,

24 avril 1894.)

NOTRE ŒUVRE

ASSOCIATION DES MEMBRES DU CORPS ENSEIGNANT
DE PORT-AU-PRINCE

Ce n'est pas tout que d'avoir des idées, il faut encore pouvoir les mettre en pratique. Et cela, on doit en convenir, n'est certes pas chose bien facile, dans ce pays surtout où avortent si prématurément les entreprises les plus utiles, où toutes sortes d'obstacles et de déboires entravent l'accomplissement des projets les plus simples.

Pour réussir, il faut vraiment une volonté forte et énergique doublée d'une foi sincère et agissante.

Savoir agir, c'est la suprême force, le moyen infaillible. Lorsqu'en effet l'action est ferme, décisive, qu'elle est dirigée par des hommes d'une conviction solide, tout pleins de l'idée dont la réalisation est leur rêve, elle aboutit presque toujours. Qu'importe alors le milieu, qu'importent les hommes, les choses et les circonstances. Les difficultés s'a-

planissent, les pierres d'achoppement tombent, et le
but est atteint plus vite même qu'on ne le croit.

Mais il faut agir, nous le répétons, et agir sérieusement.

L'Association des Membres du Corps Enseignant
de Port-au-Prince doit sa prompte organisation à
cette activité incessante et à cette volonté robuste
sans lesquelles ceux qui prennent l'initiative d'une
œuvre quelconque risquent un fiasco complet.
L'idée de sa création date d'un mois à peine, et voilà
qu'aujourd'hui notre *Bulletin* prend sa fière envolée
au milieu d'honorables confrères qu'il est heureux
de saluer au passage.

— C'est prodigieux, diront quelques personnes.

C'est que les fondateurs de l'œuvre ne se sont
pas contentés de se payer les délices d'imprimer
quelques phrases luxueuses, de faire de timides
appels pour abandonner ensuite leur projet à un
succès de hasard. Ils se sont donné des peines
dont il faut leur savoir gré. Ils ont *voulu* la réalisation de leur idée, et l'idée a été réalisée.

Dans une certaine mesure, vouloir est donc pouvoir. Les victoires de l'initiative privée pendant
ces deux dernières années en sont une preuve évidente.

*
* *

De l'observation attentive de l'esprit nouveau qui

se manifeste de jour en jour, il ressort qu'un besoin impérieux de batailles fécondes, de luttes bienfaisantes, s'éveille dans l'âme des générations actuelles.

Ce beau mouvement de l'heure présente est certainement un avant-coureur des évolutions futures.

Ne pas marcher, c'est reculer. Or, la tendance est d'aller de l'avant et de travailler à sortir de notre coupable engourdissement.

Haïti ne veut plus rester en arrière, elle cherche des voies meilleures. Souhaitons qu'elle trouve bientôt son chemin de Damas et qu'elle se décide enfin à marcher résolument à la conquête des grands progrès modernes. Et, d'ailleurs, les nobles et ferventes aspirations de toute cette jeunesse pensante ne sont-elles pas comme le ferment des rénovations prochaines ?

D'aucuns, en entendant parler de l'Association des Membres du Corps Enseignant de Port-au-Prince, hausseront dédaigneusement les épaules avec de grands gestes pessimistes, destructeurs d'espoirs dans les âmes faibles. Ils s'en iront, clamant, dans leur égoïsme bête, la débilité d'une œuvre si viable, et répétant à tout venant, comme le comte d'Artois au prince de Bénévent, et en modifiant un peu la fameuse phrase : « Il n'y a rien de changé en Haïti, il n'y a qu'une Association de plus. »

Nous ne nous leurrons pas. Nous savons qu'il
ne fait pas bon, dans cette tumultueuse mêlée
d'appétits et de compétitions de toutes sortes, de
compter sans les intrigues malsaines des uns et les
inconséquences des autres.

Mais, déjà, notre ligne de conduite est toute tracée : bien faire et laisser dire, pourvu que l'œuvre
vive et qu'elle soit appréciée des honnêtes gens.

**
*

Tous ceux qui s'intéressent à la grande cause de
l'enseignement national ont applaudi des deux
mains à la fondation de l'Association ; tous proclament la générosité de ses intentions, son utilité
pratique, le bien immense qu'elle est appelée à
réaliser dans l'important domaine des choses
scolaires.

Entretenir, d'abord, entre ses membres un lien
réel de sympathie et des relations de bonne amitié,
n'est-ce pas détruire l'isolement, ce « mal moral
qui est le plus grand écueil de notre corporation » ?
Ces assemblées de Corps produisent le plus salu-
taire effet. Ainsi que le disait, en 1881, un éminent recteur français, « dans ces grandes assises,
l'horizon des sentiments et des idées s'étend,
s'élève, se purifie ».

Il est impossible de ne pas reconnaître l'excel-

lence de ces réunions fréquentes des Membres de
l'Enseignement primaire et secondaire. Là, dans
un libre et confraternel échange de vues et d'opinions, chacun apportant le contingent de son expérience, de sa pratique et de son observation person-
nelles, on émettra, sous forme de consultations
ou de propositions, des vœux qui seront assurément
le résultat de délibérations éclairées. La compétence spéciale de l'Association, s'affirmant de plus
en plus, ne pourra-t-elle pas devenir un foyer de
renseignements pédagogiques utiles? Nos hommes
politiques, absorbés par l'étude des questions d'un
autre ordre, ne donnent pas aux matières d'Enseignement toute l'attention désirable. Ils n'étudient
guère les moyens scientifiques pour les réformes
si nécessaires à introduire dans le département de
l'Instruction publique. Ce département est celui
dont on s'occupe le moins au Corps législatif. Jamais la moindre question intéressante au Ministre,
jamais aucune discussion sur tel ou tel système
d'enseignement, sur l'application de tel ou tel programme.

Dès que, vers la fin de la session, le budget est
voté et remis au grand maître de notre Université,
Messieurs du Législatif s'imaginent, de bonne foi,
avoir largement contribué à *répandre les lumières
jusque dans les dernières couches sociales.*

Tant s'en faut, cependant !

Pour les grandes améliorations qui s'imposent

dans cette branche importante de l'Administration publique, il faut, non pas précisément des spécialistes — car ce serait trop demander — mais des hommes au courant des procédés d'éducation modernes, pouvant émettre des idées convenables sur toutes les questions pédagogiques.

En l'absence des Écoles Normales, une publication nouvelle, s'occupant exclusivement des questions d'enseignement, est appelée à rendre des services inappréciables. *Le Bulletin*, organe de l'Association des Membres du Corps Enseignant de Port-au-Prince, s'efforcera de mettre ces questions à la portée de tous. Les articles qui y seront insérés, inspirés par un esprit pratique, vulgariseront les meilleures doctrines pédagogiques, et tous, les pouvoirs publics au premier plan, pourront alors utiliser, au profit de la communauté, de bons conseils et d'heureuses indications.

Donc, établir des liens de solidarité et de confraternité entre tous les membres de l'Enseignement, leur venir en aide par tous les moyens qui seront en son pouvoir et dans toutes les circonstances où son intervention sera jugée nécessaire, provoquer des études sur les améliorations à apporter à l'enseignement primaire et secondaire, s'occuper des intérêts du personnel des écoles, des réformes à introduire dans la législation scolaire et les programmes officiels, donner des encouragements aux Membres du Corps Enseignant qui se signalent par

des actes de dévouement, organiser, à des époques
déterminées, des conférences pédagogiques, voilà,
à peu près, le but de notre Association.

*
* *

Si la place ne nous était pas mesurée ici, nous
aurions insisté d'une façon toute particulière sur
la nécessité des conférences pédagogiques. Nous
croyons à leur efficacité. La défectuosité des méthodes employées et le défaut absolu de connaissances professionnelles ont conduit à de trop piteux
résultats, pour que les paroles fécondes de confé-
renciers, compétents sur les sujets qu'ils traitent,
n'ouvrent pas l'intelligence des maîtres et ne les
portent à mieux faire.

En indiquant, dans ces conférences, la manière
d'enseigner chaque matière, en traitant de la discipline, du système des punitions et des récompenses, de la répartition intelligente des matières
du programme, des règles austères auxquelles
doivent s'astreindre tous ceux qui se consacrent à
l'éducation de l'enfance, l'Association des Membres
du Corps Enseignant de Port-au-Prince fera œuvre
qui vaille.

Elle aura puissamment aidé à l'émancipation définitive de l'intelligence nationale par l'abolition

complète de toutes les pratiques surannées, de toutes les routines du passé, et par la saine application des méthodes les plus rationnelles d'instruction et d'éducation populaires.

(Bulletin de l'Association des membres du corps enseignant de Port-au-Prince,

15 mai 1894.)

LE DROIT D'AMENDEMENT
DU SÉNAT

Interprétant faussement le troisième alinéa de l'article 69 de la Constitution, quelques députés, jaloux de ce qu'ils appellent les attributions financières *exclusives* de la Chambre basse, prétendent que le Sénat ne peut pas amender les lois budgétaires.

Si la Chambre adoptait, par impossible, une théorie aussi bizarre, il est certain qu'elle tomberait dans une grave erreur dont il est bon de prévenir les sérieuses conséquences. Car, refuser le droit d'*amendement* au Sénat, c'est ravaler le Grand Corps — la première institution politique du pays — au rang d'un simple bureau d'enregistrement. A ce compte-là, le Sénat n'aurait pas sa raison d'être.

Il est de toute évidence que la Constitution n'a pas donné à la Chambre des attributions plus larges et plus hautes que celles du Sénat. Elle consacre, au contraire, pour les deux branches du Corps législatif, une égalité absolue de pouvoirs.

Comment s'exprime cet alinéa de l'article 69 de la Constitution qui fait l'objet de la controverse ? Il est ainsi conçu : « Les lois budgétaires, celles concernant l'assiette, la quotité et le mode de perception des impôts et contributions, celles ayant pour objet de créer des recettes ou d'augmenter les dépenses de l'État, doivent être *d'abord* votées par la Chambre des Communes. »

D'abord, voilà le mot de valeur de l'article, celui sur lequel la Chambre s'appuie pour revendiquer une prétendue prépondérance en matière de lois financières.

Voyons, en nous pénétrant du sens véritable de ce mot, quelle est l'étendue des prérogatives de la Chambre dans la question en débat ?

Ces prérogatives ne consistent que dans le droit de *priorité* de la Chambre dans la discussion et le vote des lois de Finances. C'est l'opinion de tous les auteurs. C'est ce droit de *priorité* qui est formellement établi par le troisième alinéa de l'article 69 de la Constitution. Les lois de Finances doivent être, *en premier lieu*, présentées à la Chambre des députés. L'article ne règle là, à notre avis, qu'une simple formalité de procédure. Nulle part, en effet, on ne voit dans la Constitution qu'il est réservé à la Chambre des députés l'initiative *exclusive* des impôts et des dépenses, et qu'il est

refusé au Sénat le droit *d'amendement*, c'est-à-dire
le droit d'introduire un crédit ou une dépense dans
le budget.

En France, la même controverse s'est soulevée
dans l'enceinte législative aussi bien que dans les
Facultés de Droit, sur le droit *d'amendement* du
Sénat. La lutte n'a jamais eu d'issue. La sagesse
des députés français, dit un auteur, en a indéfini-
ment prorogé la période critique, et, sans trancher
la question au fond, la Chambre française a toujours discuté les amendements proposés par le
Sénat.

Aux États-Unis d'Amérique, il n'y a aucune
contestation sur le droit *d'amendement* du Sénat.
Dans le pays de Washington, pour les lois de Finances, et sauf la priorité, c'est-à-dire l'initiative
de première main de la Chambre des représentants,
les deux Assemblées sont investies de pouvoirs
absolument égaux.

Si donc, dans les circonstances actuelles, la
Chambre des députés, faussant le sens du texte
constitutionnel, refusait systématiquement au Sénat
son droit *d'amendement*, il arrivera inévitablement
que le Sénat, aussi jaloux que la Chambre de ses
prérogatives, cherchera avec raison à affirmer ses
droits. La Chambre, rejetant les amendements du
Sénat, le Sénat s'obstinant à les maintenir, on a
tout de suite, puisqu'il ne reste plus que quelques
heures pour la clôture de la session, la perspective

nette d'une absence de budget pour l'exercice prochain.

C'est peut-être — nous ne le souhaitons pas —
ce désaccord *heureux* qui nous préservera de l'in-
commensurable déficit de 1.500.000 gourdes.

(*La Revue-Express,*

14 septembre 1894.)

DISCOURS

PRONONCÉ LE 13 NOVEMBRE 1894

Sur la tombe de

ROBERT GENTIL

———

Mesdames, Messieurs,

Au nom du personnel du Sénat de la République nous avons la profonde douleur d'adresser ici nos suprêmes adieux à celui qui fut Robert Gentil.

Certes, il mérite bien cet hommage que nous rendons à sa mémoire, ce fonctionnaire instruit autant que modeste, si régulier dans l'accomplissement de ses devoirs, qu'il faisait véritablement l'admiration de tous ceux, Sénateurs, Députés ou Ministres, que la nature de leurs hautes fonctions obligeait souvent à avoir avec lui des relations officielles.

Pour nous, de la Rédaction du Sénat, nos regrets sont bien sincères, et le vide qu'il laisse parmi nous est immense, car nous perdons en lui un ami dévoué et un collaborateur inestimable.

Ah ! la destinée a de bien cruelles ironies !...

Mourir à vingt-six ans dans toute la force de la jeunesse, aux approches, peut-être, de la réalisation de belles espérances, alors qu'il ferait si bon vivre pour être la joie et l'orgueil de sa famille, ah ! vraiment, c'est trop tôt s'en aller, hélas ! c'est trop tôt mourir.

D'autres vous parleront, Mesdames, Messieurs, du tour d'esprit qui était particulier à Robert, de son talent incontestable d'écrivain généralement goûté et apprécié d'ailleurs.

Sans se mêler aux agitations et aux misères de la vie politique, Robert Gentil ne prêtait pas moins une attention discrète aux vanités et aux fautes des uns et des autres, tout en ayant l'air de ne pas s'en soucier. Et il suffit d'avoir parcouru, pendant ces derniers mois, ses subtiles et profondes analyses des mœurs et des petits travers de notre société, pour tirer, de dessous un rire toujours aimable, une philosophie saine et de fines leçons de morale sociale.

Dans ce bureau du Sénat, où tous nous vivons comme dans une petite famille, Robert était particulièrement aimé, et c'est avec tout notre cœur que nous venons dire devant cette tombe l'expression sincère de nos regrets.

LA FEMME HAÏTIENNE

PETITE ÉTUDE HISTORIQUE ET SOCIALE

Il n'est peut-être pas sans intérêt de tracer ici une esquisse à grands traits des diverses attitudes d'âme de la femme haïtienne dans le passé et dans le présent, et d'insister un peu sur le rôle social qui lui est dévolu dans l'œuvre de relèvement national qui préoccupe à un si haut degré tous les cœurs honnêtes en la perspective réconfortante des demains meilleurs.

I

Par-delà les flots bleus de l'Océan Atlantique, il existait, il y a quatre cents ans, une île lointaine et inconnue dont les verdoyantes collines retentissaient des chants heureux de ses poètes primitifs. C'était un coin de terre vraiment propice aux expansions de l'âme, aux sentimentales rêveries : une nature merveilleuse, des arbres géants, des

bois touffus, des pelouses ensoleillées, le bruisse-
ment berceur des eaux qui tombent des montagnes
dans la profondeur des ravins, des brises douces
comme les parfums des fleurs qu'elles charrient,
de vibrantes chansons d'oiseaux dans l'ombre
fraîche des verdures, et, par-dessus tout cela, un
ciel, toujours clair et pur, avec, dès la tombée du
crépuscule, une éternelle fête d'étoiles.

Les habitants de cette île se la coulaient douce
et paisible, lorsqu'un beau jour ils virent venir
des hommes tout blancs avec de grandes barbes
et qui parlaient une langue inconnue.

Christophe Colomb, on le devine déjà, avait
découvert Quisqueya et donné un nouveau fleuron,
le plus beau de tous, à la couronne d'Espagne.
Hispaniola es una maravilla, disait-il lui-même.

Nous ne nous attarderons pas à rappeler, par
le menu, les tristes et émouvantes circonstances
de cette découverte, les crimes horribles des
hordes espagnoles, leur cupidité inouïe, le courage
farouche des Caonabo et des Cotubanama luttant
jusqu'au dernier souffle contre leurs terribles oppresseurs, et, finalement, la destruction complète
de la belle race indienne.

Mais il nous semble devoir montrer en passant
cette noble figure qui éclaire d'un rayonnement
de martyre le tableau de toutes ces atrocités.

Une femme, Anacaona, *la Fleur d'Or*, la reine
du Xaragua, un amour de reine,

Dont la voix de cristal plus pure que les voix
Qui s'exhalent au ciel d'un soir clair et limpide
Vibrait et soupirait sous le dôme des bois,
Douce, harmonieuse, candide [1]...

Anacaona est lâchement et traîtreusement assas-
sinée, surprise au milieu d'une fête, par le perfide
Ovando.

Elle voit mourir d'abord des centaines de jeunes
filles indiennes divinement ravissantes en leur
candeur primitive ; elle meurt elle-même, stoïque
et fière, « majestueusement pure comme un
cygne », selon l'expression de Pierre Loti à Car-
men Sylva, lançant à la face des balanaclès sauvages le cri désormais général de : « Aya ! Aya
Bombé ! » prononcé désespérément comme les
derniers accents de colère de son cœur de Samba.

Par ce seul trait, on peut juger la femme abori-
gène.

Courageuse et stoïque comme la femme de
Sparte, aimant la liberté, aimant le sol natal, elle
aime aussi mieux mourir que d'être sous le joug
de l'oppresseur.

*
* *

Mais tournons rapidement quelques feuillets de
notre laborieuse histoire. Trois siècles sont passés.

[1] Arsène CHEVRY, *Les Areytos.*

La race indienne a complètement disparu. Des noirs d'Afrique sont transplantés en Haïti comme des colis humains, et dans Saint-Domingue, colonie française, l'esclavage fleurit dans toute son horrible splendeur. Nos pères gémissent dans leurs fers, attendant l'heure prochaine de la délivrance.

La Révolution Française, qui restera certainement le plus grand événement des temps modernes, est un fait accompli. La Bastille, vieux donjon féodal qui symbolisait le système politique le plus détestable qu'il y ait jamais eu, s'écroule piteusement. Désormais, les assises de la vieille Europe sont ébranlées. Les grandes idées nouvelles pénètrent dans les quatre coins du monde. Les Droits de l'Homme sont proclamés.

Malgré le grand mouvement libéral qui s'est opéré là-bas pour le bonheur de l'Humanité, nos pères infortunés ne sont pas admis au bénéfice du nouvel ordre de choses. Les colons, cruels et cupides, leur refusent le titre d'hommes. Ils doivent être toujours esclaves, ils ne sont pas dignes de la liberté à laquelle, pourtant, ils ont droit en vertu même des immortels principes si solennellement proclamés.

C'est alors qu'ils relèvent leurs fronts trop longtemps courbés et qu'ils jurent de lutter, jusqu'à la dernière goutte de leur sang, pour la conquête de leur liberté.

On sait trop ce que fut cette lutte héroïque !....

*
* *

Le but est atteint. Nos pères sont vainqueurs, et, dans la fière cité des Gonaïves, cimetière de toutes les abominations du régime colonial, on assiste, sous le soleil radieux du 1ᵉʳ janvier 1804, à la consécration des immortelles gloires du passé par la proclamation de l'Indépendance nationale, cependant que, ce jour-là, le canon tonne majestueusement, que les tambours et les clairons jettent, avec une gaîté folle, dans les airs en fête, leurs notes chaudes et stridentes.

Eh bien ! il est prouvé — et ceci est à l'honneur du sexe — que les femmes haïtiennes, nos mères, ont pris une part considérable à ces grands événements qui sont comme la genèse de notre jeune nationalité.

Qu'elles s'appellent, en effet, Romaine, la Martin, Mᵐᵉ Paul Louverture, Mᵐᵉ Lamartinière, Mᵐᵉ Pageot, Marie-Jeanne, Sannite, Mᵐᵉ Jacques Maurepas, etc., toutes, elles ont été fortes et viriles aux heures suprêmes.

Un trait le prouvera bien et nous dispensera de faire la touchante nomenclature de leurs actes de courage, de leur dévouement et de leur esprit de sacrifice.

Rochambeau, par un de ces caprices de cruauté

raffinée qui furent si fréquents chez lui, ordonne, un jour, le massacre de deux jeunes filles indigènes. La mère des deux martyres assiste au supplice. Calme, ferme, elle invite ses enfants à la résignation par ces paroles dignes d'une Spartiate : « Courage, mes enfants, au moins vos flancs ne porteront point d'esclaves. »

Quel héroïsme !.......

Et dire qu'à cette époque de notre laborieuse naissance à la vie des peuples, pareil courage et pareil sacrifice étaient chose commune.

Femmes d'Haïti, où donc est votre âme d'autrefois ?.....

II

D'autres temps sont venus. Une mauvaise éducation publique, ou plutôt un défaut absolu de toute éducation, produit en ce moment les plus désastreux effets. Le vice et l'erreur règnent sans partage. La cupidité la plus effrontée et la plus adjecte, l'immoralité la plus dégoûtante sont presque devenues des systèmes. Partout on déserte la cause de la justice et de la vérité. La dignité nationale n'est plus qu'un vain mot. Turpitude et corruption, hélas ! on ne voit plus que cela... Rien ne saurait mieux dépeindre la situation actuelle de

l'âme haïtienne que ces beaux vers de Paul Bour-
get :

> Les uns, pâles, brisés par l'effort incessant,
> D'autres, pourpres, tous ont la fièvre dans le sang.
> Ils marchent flagellés par l'âcre convoitise,
> Leurs yeux brûlent, pareils aux brasiers qu'on attise,
> Et sur leurs fronts ridés, essayez donc de voir
> Un seul de ces grands plis que creuse un noble espoir !
> Laids, recroquevillés comme une feuille morte
> Jeunes gens et vieillards, un souffle les emporte
> Et les roule...
> . . . .   [trêve,
> L'Argent ! L'argent ! — C'est lui qui les pousse, et sans
> Lui, dont les clairs rayons illuminent leur rêve,
> Lui, qui ruisselle au fond de ces mauvais destins
> Comme le soleil fauve au ciel froid des matins.
> Il est pour eux l'opium qui console et qui grise ;
> Ils ne sentiront pas que leur force s'épuise,
> Ni qu'ils perdent leur vie à mille œuvres sans nom.
> Si vous leur proposiez la paix, ils crieraient : non !
> C'est un nid de fourmis que la bêche saccage.
> Ils vont, ils vont... la tombe où s'éteindra leur rage
> Sera le premier lit qui les ait reposés.

Le pays, énervé par cette démoralisation grandis-
sante, agonise lentement. Peut-on prévoir l'issue
de la terrible crise qu'il traverse ? Sera-ce la déca-
dence complète, la ruine irrémédiable, ou bien le
réveil de la conscience du peuple, le relèvement
possible, quelque chose comme un regain de vie
sous la forte poussée d'un reste d'énergies viriles
et honnêtes !

Certes, le mal est grand, si grand, que beaucoup,

en présence de la profonde déperdition de nos forces
vives, s'en vont haussant leurs épaules avec l'horrible vision de la dernière débâcle. Il n'y a plus
seulement aujourd'hui à redresser certaines erreurs
et certains abus, à flétrir quelques vices et à con-
damner quelques ignominies. Nous en sommes
arrivés à une dépravation sociale générale. Les
derniers vestiges de notre moralité s'en sont allés,
toutes nos vertus ont disparu. C'est donc une
nation qu'il faut refaire en lui donnant d'autres
mœurs et d'autres aspirations. La tâche est immense,
comme on le voit. Aux cœurs élevés qui veulent
encore y travailler, il incombe de grands devoirs,
devoirs pénibles, mais devoirs sacrés. Rien de
ce qu'ils auront tenté pour l'œuvre de rénovation
morale et sociale ne sera au-dessus de leurs forces,
s'ils ont la foi, cette foi agissante avec laquelle on
a toujours raison des plus imbrisables obstacles.

Mais quelle est la cause de tous les maux dont
nous souffrons actuellement? Qui donc peut être
rendu responsable de la triste situation dans
laquelle nous nous trouvons?

A des causes diverses, sans doute, on doit attribuer le mal qui nous ronge. Mais la femme, nous
n'hésitons pas à le dire, n'a pas été pour rien dans
nos malheurs et dans nos hontes. Elle est pourtant
plus à plaindre qu'à blâmer, car nos différents
Gouvernements n'ont pas toujours eu à cœur de
faire son éducation, de lui donner la notion élevée

de ses devoirs d'épouse et de ses devoirs de mère. Souvent, bien souvent, hélas ! son amour a été stérile, parce qu'elle n'a pas su qu'elle devait être la première institutrice de son enfant et « lui planter, comme dit le bon Amyot, vertu en l'âme et vigueur en l'esprit ».

La femme haïtienne, en effet — nous parlons d'une façon générale — nous a toujours paru ne pas trop se soucier, ou plutôt ne pas trop comprendre la grande mission sociale qu'elle a à remplir. Elle a toujours montré une regrettable indifférence pour tout ce qui a rapport de près ou de loin à ce pays, pour tout ce qui a trait à son avancement, à son progrès, à son existence même. C'est triste, mais c'est ainsi.

Oublier qu'on a charge de cœurs et de consciences, que ce petit être qu'on tient sur ses genoux, qu'on caresse, qu'on dorlote, sera le citoyen de demain, — ne pas lui inculquer, dès les premiers ans, les bons principes qui doivent être la règle de toute sa vie, ne pas chercher à en faire une âme droite, en formant avec soin son sens moral, — c'est ne pas être mère, c'est fouler aux pieds les plus augustes devoirs.

On connaît bien le mot de Michelet : « Chaque mère est une école. » Jamais, certes, pensée ne fut plus exacte.

Les semences qu'une mère jette dans le cœur de son enfant germent tôt ou tard. Bonnes, elles produisent ces citoyens vertueux qui sont l'honneur d'un pays; mauvaises, elles engendrent ces êtres immoraux qui sont la honte d'un peuple.

Il est facile de saisir dès lors l'influence considérable des femmes, des mères, sur les destinées d'une nation, et, par voie de conséquence, l'importance sans égale de la grande question de l'éducation des femmes.

En Haïti — nous devons à la vérité de l'avouer — on ne s'est jamais occupé sérieusement de préparer des mères, on n'a peut-être pas toujours envisagé leur rôle immense dans le développement normal d'une société.

« C'est à notre sexe sans doute, dit Joseph de Maistre, dans *les Soirées de Saint-Pétersbourg*, qu'il appartient de former des géomètres, des tacticiens, des chimistes, etc. ; mais ce qu'on appelle l'homme, c'est-à-dire l'homme moral, s'il n'a pas été formé sur les genoux de sa mère, ce sera toujours un grand malheur. Rien ne peut remplacer cette éducation. »

En voilà assez, croyons-nous, pour établir tout l'empire qu'exerce la femme dans un pays, en sa double qualité d'épouse et de mère.

Il en ressort qu'une amélioration — non pas quelque chose de factice — mais une amélioration réelle, durable, dans la situation dont nous avons fait plus haut l'attristant tableau, ne peut être obtenue, si l'on ne s'empresse d'entreprendre l'œuvre indispensable de l'éducation des femmes. Tout l'avenir de la Patrie en dépend. Faisons donc des épouses et des mères, afin d'avoir demain des hommes vertueux, des citoyens honnêtes.

Que ceux qui ont la haute direction de l'instruction publique se rappellent constamment la doctrine de Fénelon qui restera éternellement vraie : l'éducation des femmes est plus importante que celle des hommes, puisque celle des hommes est toujours leur ouvrage !

ORDRE DES AVOCATS DE PORT-AU-PRINCE

CONFÉRENCE

(9 avril 1895)

MESSIEURS,

L'importante question sur laquelle le Conseil
de l'Ordre a bien voulu nous demander de donner
une opinion, est une de celles qui intéressent le
plus immédiatement les convenances de nos Relations internationales, et ce sera, sans doute, le
bon côté de ces conférences inaugurées sous le
bâtonnat de notre éminent confrère, M. Jacques
Léger, de mettre en lumière des points de droit dou-
teux, d'entrer utilement dans l'examen sérieux de
certaines controverses délicates et compliquées, ou,
tout au moins, d'attirer l'attention des Pouvoirs
publics sur quelques remaniements nécessaires
qu'il y aurait lieu d'introduire dans notre législation.

*
* *

Les tribunaux haïtiens sont-ils compétents pour

connaître des contestations civiles entre étrangers, notamment de leurs demandes en divorce?

Aucun texte ne règle cette matière. Le Code civil et le Code de Procédure civile ne contiennent, nulle part, aucune disposition particulière établissant soit la compétence, soit l'incompétence de nos tribunaux à l'égard des étrangers.

On en est donc réduit, pour essayer de résoudre cette question, à avoir recours aux seules opinions de la doctrine et de la jurisprudence et c'est à déblayer le chaos des controverses, et chercher ainsi à trouver les principes qui nous paraîtront se rapprocher le plus des règles générales de notre droit et de l'esprit du législateur que nous allons nous employer pendant quelques minutes.

*
* *

Et, d'abord, les articles 15, 16 et 17 du Code civil d'Haïti ne sont relatifs qu'à la compétence des tribunaux haïtiens pour juger les contestations qui s'élèvent entre haïtien et étranger, résultant d'obligations contractées soit en Haïti, soit en pays étranger.

Ces articles sont ainsi conçus:

Art. 15. — *L'étranger, même non résidant en Haïti, pourra être cité devant les tribunaux haïtiens pour l'exécution des obligations par lui contractées en Haïti avec un Haïtien.*

Art. 16. — *Tout étranger pourra être traduit devant les tribunaux haïtiens pour les obligations par lui contractées en pays étranger envers un Haïtien.*

Art. 17. — *L'Haïtien pourra être cité devant les tribunaux d'Haïti pour raison des obligations par lui contractées en pays étranger, soit envers un étranger, soit envers un Haïtien.*

Le législateur, on le voit bien, en faisant fléchir la maxime *actor sequitur forum rei* a entendu établir nettement un privilège de juridiction en faveur de l'Haïtien. Il s'ensuit que toutes les fois qu'un débat naîtra entre deux personnes, dont l'une au moins est Haïtienne, les juges haïtiens auront compétence positive pour en connaître.

Au regard de deux étrangers — nous nous hâtons. de le dire — ces règles de compétence ne sauraient recevoir d'application. Les articles 15, 16 et 17 du Code civil, que nous venons de citer, ne s'occupant exclusivement que des affaires existant entre Haïtien et étranger, ce serait une grosse erreur que de prétendre tirer argument de ces textes aux fins de donner compétence à la juridiction haïtienne pour statuer sur les contestations qui s'élèvent entre étrangers.

Et même, ne semble-t-il pas qu'il y a déjà une certaine restriction dans l'esprit du législateur ? Pourquoi n'a-t-il voulu établir des règles de compétence pour les tribunaux haïtiens qu'à l'égard de

l'étranger contre l'Haïtien et de l'Haïtien contre
l'étranger ?. Pourquoi n'a-t-il rien dit concernant
la compétence des mêmes tribunaux à l'égard d'un
étranger contre un autre étranger ? N'était-ce pas
enfin le moment de consacrer une disposition quelconque y relative et de prévenir ainsi toutes les
discussions, toutes les controverses que cette grave
question a suscitées plus tard ? Pourtant, rien n'a
été fait dans ce sens.

N'est-il pas certain, dès lors, que l'intention for-
melle de retirer toute compétence aux tribunaux
en ce qui concerne les contestations entre étrangers
est assez clairement manifestée? Que doit-on infé-
rer, dans tous les cas, du silence de la loi ?

Autant de questions, faciles à résoudre en apparence, mais qui, dans le fouillis des opinions
diverses, déroutent le chercheur et lassent ses
patientes investigations.

* *
*

La législation civile haïtienne procédant directement de la législation civile française, nous
allons rechercher si, dans les travaux prépara-
toires du Code civil français rien ne décèle la volonté du législateur et n'explique le mutisme des
textes dans la question en débat.

Il paraît que, lors de la discussion de l'article 14 du
Code civil français, qui correspond aux articles 15

et 16 de notre Code, le consul Cambacérès, bien avisé, avait proposé d'ajouter à cet article 14 une disposition qui donnât compétence aux tribunaux français pour juger les procès entre étrangers. Cette proposition a été combattue, et l'article 14 maintenu dans sa rédaction première.

Ne pourrions-nous pas nous en tenir là et clore le débat, en proclamant que le système de l'incompétence résulte de l'intention évidente du législateur? Nous pensons que cela suffirait bien.

Mais ce système de l'incompétence se heurte à tant d'objections, et ces objections partent de si haut qu'il faut bien qu'on se donne la peine de les examiner un peu.

*
* *

M. Justin Dévot, dans son livre sur la *Nationalité*, incline à penser, sans d'ailleurs s'expliquer plus amplement là-dessus, que les tribunaux haïtiens, à moins qu'il ne s'agisse d'une question d'État devant se régler d'après la loi personnelle des parties, ne doivent pas se refuser à rendre la justice, suivant les formes ordinaires de la procédure. Et il cite à l'appui de son opinion une remarque de M. Laurent, qui dit : « que la mission des tribunaux consiste à maintenir le bon ordre au sein de la société en rendant justice aux particuliers pour empêcher qu'ils ne se la rendent à eux-mêmes ».

Cette opinion de M. Dévot, nous devons à la vérité de le dire, n'est basée sur aucune raison décisive. D'autre part, elle est loin d'être fondée en droit. A notre sens, elle est tout simplement conforme aux principes de libéralisme quelquefois outré de l'auteur, qui ne craint pas, comme il le dit lui-même, d'être accusé de xénomanie.

Nous regrettons beaucoup qu'il n'ait pas cru devoir approfondir la question, la tirer au clair avec cette logique, cette pénétration d'esprit qu'on lui connaît. D'une manière ou d'une autre, quelle que soit l'opinion qu'il préconiserait, il est certain que la matière n'en serait pas moins éclairée par sa discussion toujours saine.

Nous sommes presque tenté de croire que s'il n'a pas présenté sur ce sujet un travail complet, s'il ne s'est pas livré à un examen plus approfondi, à un développement plus large de la question à résoudre, c'est qu'il a craint, peut-être, en côtoyant de trop près les textes, en découvrant le véritable esprit de la loi, que le résultat de ses lumineuses études fut contraire à la hauteur de ses vues. M. Justin Dévot — personne ne l'ignore — ne cesse, en effet, de travailler, sans relâche, pour que notre législation ne soit pas classée « parmi celles qui restent fermées aux idées d'expansion et de fraternité humaine, pour que l'étranger en Haïti ne soit pas l'objet d'une sorte de défaveur juridique ». Aussi bien, s'est-il contenté de donner son opinion en passant, sans l'appuyer d'aucun motif précis, sans essayer d'entraîner le lecteur dans son courant, comme il sait le faire dans d'autres cas, par une argumentation serrée et clairvoyante.

Une notable partie de la doctrine française se prononce pour la compétence des tribunaux français dans les contestations entre étrangers : « Si les textes n'obligent pas le juge français, dit M. André Weiss dans son *Traité de droit international privé*, à se déclarer incompétent, lorsque la contestation dont il est saisi n'intéresse que des étrangers, nous pouvons ajouter que l'équité la plus élémentaire le lui défend. La loi, en effet, reconnaît aux étrangers certains droits, plus ou moins étendus, dont l'action en justice peut seule assurer l'efficacité. Ne serait-ce pas les leur reprendre, les réduire à une vaine formule que d'interdire à leurs titulaires de les faire valoir judiciairement. Le droit d'ester devant les tribunaux est un droit naturel ; c'est un droit de l'homme et non du citoyen. »

Bien que cette appréciation soit écrite pour la France où la loi reconnaît, en effet, certains droits très importants aux étrangers, elle peut être néanmoins l'objet de quelques observations de notre part.

Pour le moment, nous ne chercherons pas à savoir si le droit d'ester devant les tribunaux est un droit naturel ou non. Cela nous amènerait trop loin. Il faudrait étudier l'ancienne distinction des lois

naturelles et des lois positives, apprécier les conséquences pratiques de cette distinction et discuter
le caractère d'universalité et d'immuabilité que
quelques-uns voudraient attribuer à ce que nous
appelons le droit naturel.

M. Weiss, et avec lui tous les partisans de la
compétence, semble abandonner le véritable terrain de la discussion. Il ne s'agit pas de savoir si
la situation qui serait faite aux étrangers — au cas
où le système de l'incompétence prévaudrait — est
juste ou injuste, contraire ou pas contraire à l'équité.
Le débat doit être circonscrit dans les limites suivantes : rechercher la pensée exacte du législateur,
expliquer, d'après les textes existants et les principes généraux de notre Droit, le silence de la loi.

Le devoir de juger n'existe pour les tribunaux,
dit Marcadé, que dans les cas pour lesquels ils ont
mission impérative de la loi.

Il est bien vrai que les étrangers peuvent con-
tracter en Haïti, non seulement avec des Haïtiens,
mais encore avec d'autres étrangers. Mais, résulte-
t-il de cette faculté, que les tribunaux haïtiens soient
dans l'obligation de juger les procès qui pourraient
naître entre étrangers, au sujet de l'exécution des
obligations contractées dans le pays ? Nulle part,
cette compétence n'est formellement prévue. En
thèse générale, les lois sont faites pour les citoyens
et non pas pour les étrangers, sauf pourtant ce
qui est prescrit en l'article 5 du Code civil éta-

blissant la territorialité absolue de la loi pénale.

Or, il est hors de doute que le système de la compétence donnerait lieu à de très graves embarras, aux difficultés les plus délicates, en ce sens que les tribunaux, pour juger les procès entre étrangers, auraient le plus souvent à faire l'application de lois étrangères. Il en surgirait certainement des conflits de législation dont il est sage de prévenir les funestes conséquences. Dieu seul sait, en effet, ce qu'il pourrait en coûter à notre pays !...

Nous venons de dire que la compétence des tribunaux, s'agissant de contestations civiles entre étrangers — n'est prévue nulle part. — Aucune disposition de loi ne prescrit non plus l'incompétence. Mais ce dernier principe — celui de l'incompétence — qui n'est pas textuellement établi par la loi, résulte virtuellement, disent Aubry et Rau, de l'absence de toute disposition législative qui déroge, quant aux contestations entre étrangers, à la règle *Actor sequitur forum rei*. Il a d'ailleurs été implicitement reconnu dans la discussion qui a précédé l'article 14 du Code civil français, et lors de laquelle on avait proposé les cas dans lesquels ce principe serait susceptible de recevoir exception.

Ainsi, lorsqu'une contestation existe entre deux étrangers et qu'un tribunal haïtien en est saisi, l'étranger défendeur a toujours la ressource de proposer le déclinatoire d'incompétence, de demander son renvoi devant son juge naturel. Bien plus, alors même que le déclinatoire n'a pas été proposé et que les parties consentent expressément à accepter la juridiction haïtienne, le tribunal haïtien devra, en tout état de cause et sans, pour cela, commettre de déni de justice, se déclarer d'office incompétent. L'ordre public international est directement intéressé à cette manière d'agir, adoptée d'ailleurs aussi bien par la jurisprudence haïtienne que par la jurisprudence française.

Il y a encore les partisans de la compétence *facultative*. D'après eux, les tribunaux peuvent, selon les circonstances dont ils sont seuls appréciateurs, vider, dans certains cas, des différends civils entre étrangers. Nous n'hésitons pas à nous prononcer radicalement contre cette doctrine qui ne tendrait à rien moins qu'à diminuer l'autorité du Pouvoir judiciaire. Ou les tribunaux sont compétents, ou ils ne le sont pas.

L'Administration de la justice est un attribut essentiel de la Souveraineté. Ne serait-ce pas une atteinte portée à cette souveraineté si les justiciables étrangers pouvaient, à leur guise, décliner la compétence de nos tribunaux ou l'accepter.

Donc, le système de la compétence n'étant fondé sur aucun texte, étant en désaccord complet avec l'esprit du Code civil et les principes généraux de notre Droit tant public que privé, ne saurait être

admis par ceux qui sont uniquement guidés par
l'intérêt scientifique, sans aucun esprit de révolution ou d'innovation.

*
* *

Mais, si toutes les considérations qui précèdent
ne suffisaient pas pour expliquer le système d'exclusion dans lequel nos lois maintiennent l'étranger, nous trouverions encore une raison décisive :
c'est la raison historique.

A l'époque de la confection de nos Codes, en
1825, quelques années à peine nous séparaient des
terribles événements dont la glorieuse issue a été
la fondation de la Nationalité haïtienne. L'odieux
régime de l'esclavage avait amassé dans l'âme
nationale un fonds de haine très vivace contre
l'étranger, le *blanc*, et cela n'avait certainement pas
disparu après quinze ou vingt années de liberté et
d'indépendance. Il en est tout naturellement resté,
chez les administrateurs de la nouvelle patrie, certains sentiments 'de défiance, des réserves légitimes vis-à-vis de l'étranger, des idées d'aversion
même pour les anciens oppresseurs de notre race.
Ces idées et ces sentiments furent constamment
nourris par la perspective énervante de nouvelles
guerres, par les fiévreuses inquiétudes du peuple
qui attendait une seconde expédition militaire de
l'ancienne Métropole, et enfin par le souci de tous

pour la sauvegarde de la grande œuvre de 1804

C'est au milieu de cette situation anormale des esprits que les travaux législatifs furent entamés. La confection de nos Codes date de ces temps incertains.

S'il est vrai que les lois sont le reflet des mœurs et des idées d'une époque, ne peut-on pas affirmer que ces sentiments de méfiance et d'exclusion que nous venons de signaler se sont insinués dans notre législation? Il nous semble que cette raison est irrésistible, et que, dans ces circonstances, notre législation n'ayant guère changé, étant restée la même, tous les droits qui ne sont pas accordés à l'étranger par un texte formel, lui sont enlevés *ipso facto*. Pour l'étranger, en Haïti, le principe, d'après nous, doit être que l'incapacité est de droit, et la capacité, l'exception.

Mais on répond, avec le libéral esprit de M. Justin Dévot, qu'on « a toujours procédé à l'égard de l'étranger par dispositions exclusives et par formules négatives, mais particulières et spéciales à tels ou tels droits. Tous les textes relatifs à sa capacité ont pour but de lui refuser des droits et non de lui en reconnaître. Si le principe eût été l'exclusion, il n'eût été nécessaire de recourir à des dispositions spéciales que pour l'investir expressément, et sous forme positive, des droits dont on voudrait lui assurer la jouissance. »

Le législateur haïtien, pour confectionner le

Code civil d'Haïti, a eu sous les yeux le Code civil français. C'a été son guide de tous les instants. Or, l'article 13 du Code français admet l'étranger, — autorisé à fixer son domicile en France — à jouir des mêmes droits civils que les Français. Si le législateur haïtien entendait faire la même chose pour l'étranger en Haïti, il s'en serait expliqué par une disposition expresse. Il ne l'a pas fait. Il a, au contraire, supprimé dans le Code civil haïtien l'article 13 du Code civil français, et n'a pas voulu en outre que l'étranger pût avoir domicile réel en Haïti. Cette suppression n'implique-t-elle pas la privation tacite de jouissance des droits civils en général, et ne montre-t-elle pas assez — en ce qui concerne l'étranger — le principe qui domine toute notre législation?

Si de ci, de là, quelques mesures législatives ont été prises dans le but de refuser certains droits à l'étranger, ce n'est, nous semble-t-il, que par un excès de précaution qu'il est facile de comprendre. On a pensé qu'un jeune peuple dépourvu, comme nous le sommes, de tous moyens d'action contre la brutalité de quelques grandes Puissances, ne saurait se montrer trop prudent en déterminant le plus nettement possible, de manière à ne pas s'y tromper, sa situation vis-à-vis des autres États. C'est ce qui explique que les dispositions prohibitives les plus importantes, susceptibles de plus de conséquences graves, sont consacrées par

des lois spéciales, et même par des règles consti-
tutionnelles. Ainsi, le refus du droit de propriété
à l'étranger n'est pas seulement inscrit dans le
Code civil. Il a toujours existé en vertu d'une pres-
cription qu'on retrouve dans toutes nos Constitutions.

*
* *

C'est surtout dans les questions concernant
l'état des personnes que ce principe de l'incompétence que nous avons essayé de faire prévaloir
doit recevoir son application. On sait qu'il est
unanimement convenu que ces questions se règlent
d'après la loi personnelle des parties.

De même que le mariage, un des actes les plus
importants de la vie civile, revêt, aux yeux de tous,
un caractère public et social, de même, la disso-
lution du lien conjugal, le divorce, entraîne à sa
suite toute une série de conséquences, où l'intérêt
général entre pour une large part et dont la prin-
pale consiste dans la notable modification du régime des biens des époux.

Nulle matière n'est assurément plus délicate
que le divorce, aucune n'a suscité plus de difficultés, parce qu'aucune n'est soumise à plus de diffé-
rences dans les diverses législations humaines.

Les causes du divorce, en effet, varient presque
dans chaque pays, sans compter les pays où il
n'est pas autorisé.

Les législations autrichienne, prussienne, française, hollandaise, écossaise, anglaise, haïtienne, argentine, — pour ne citer que celles-là — contiennent, à cet égard, de sérieuses divergences.

Dans ces circonstances, nous pensons, avec certains auteurs, que tout ce qui concerne le divorce est d'ordre public international.

Supposons, par exemple, que deux époux haïtiens, se trouvant dans le royaume de Prusse fassent prononcer leur divorce par un tribunal prussien pour une cause non reconnue par notre législation, — pour impuissance, démence sans espoir de guérison, vices contre nature, etc., toutes causes de divorce prévues par le Code prussien. De retour en Haïti, les époux, divorcés en Prusse, seront certainement considérés par les tribunaux haïtiens comme toujours unis par les lois du mariage. Leur état n'aura pas été modifié.

De même qu'un tribunal haïtien prononce le divorce entre deux époux français, à raison de leur consentement mutuel, — raison que leur loi personnelle, la loi française, ne reconnaît pas pour une cause de divorce, il est bien évident que ce divorce sera considéré comme nul en France.

Dans le premier cas, les époux seront divorcés en Prusse et mariés en Haïti ; dans le second, divorcés en Haïti et mariés en France. — De là, une source de conflits très graves se comprenant et s'expliquant aisément.

Dans une situation aussi embarrassante, il n'y qu'une manière de les éviter, c'est de déclarer les actions en divorce formées par des époux étrangers non recevables devant les tribunaux haïtiens, et, en général, toutes actions relatives au statut personnel. C'est le système de la jurisprudence française et aussi celui de la jurisprudence haïtienne.

*
* *

De tout ce qui précède, nous concluons que les tribunaux haïtiens sont radicalement incompétents pour connaître des contestations civiles entre étrangers, notamment de leurs demandes en divorce, à moins de stipulations contraires dans les traités.

TABLE DES MATIÈRES

Tours. — Imprimerie DESLIS FRÈRES, 6, rue Gambetta.

www.ingramcontent.com/pod-product-compliance
Lightning Source LLC
Chambersburg PA
CBHW051829020726
47502CB00005B/1692